Knaur.

Über die Autoren:
Ralf Prestenbach und Wolfram Denzer reisen für ihr Leben gern. Weil es ihnen aber nicht reicht, faul am Strand zu liegen oder andächtig in Kirchen und Museen herumzustehen, suchen sie in jedem Urlaub die ultimative Herausforderung. Das Ergebnis ihres Strebens ist dieses Buch.

Ralf Prestenbach
Wolfram Denzer

Go crazy

Unterwegs zu Europas verrücktesten Veranstaltungen

KNAUR TASCHENBUCH VERLAG

Besuchen Sie uns im Internet:
www.knaur.de

Originalausgabe 2009 Knaur Taschenbuch.
Ein Unternehmen der Droemerschen Verlagsanstalt
Th. Knaur Nachf. GmbH & Co. KG, München

Umschlaggestaltung: ZERO Werbeagentur, München
Umschlagabbildung: Hintergrund: FinePic®, München
Veranstaltungen: privat
Satz: Adobe InDesign im Verlag
Druck und Bindung: Offizin Andersen Nexö Leipzig GmbH, Zwenkau
Printed in Germany
ISBN 978-3-426-78242-2

2 4 5 3 1

Sehr geehrte Leserinnen und Leser,
liebe Bilderanschauer,

Willkommen in einem real existierenden Paralleluniversum, bei einer Europa-Tournee zu den absonderlichsten Veranstaltungen unseres kleinen Kontinents.
Sie können sich dieses Buch als unterhaltsame Lektüre über die absurden Ideen und Taten ihrer Mitmenschen genehmigen. Sie können heimlich schmunzeln oder sich vor Lachen durch die nächstbeste U-Bahn kugeln.
Sie können dieses Buch aber auch gerne als Aufforderung sehen, sich jenseits des Sinnvollen selbst etwas Lustiges einfallen zu lassen. Sie können etwa eine Weltmeisterschaft im Durch-die-U-Bahn-Kugeln erfinden und sich fast sicher sein, in wenigen Jahren eine kleine, aber feine Bewegung begeisterter U-Bahn-Kugler mit Vereinssatzung und Wanderpokal zu haben. Jede der von uns vorgestellten Veranstaltungen fing irgendwann als Geistesblitz oder -kurzschluss an und kann auf eine zehn-, hundert- oder tausendjährige Tradition zurückblicken.
Im besten Fall haben wir es vielleicht sogar geschafft, Sie für eine bestimmte Veranstaltung zu begeistern, und nun haben Sie das unbändige Verlangen, Weltmeister im Handyweitwurf (S. 121) oder Kohlesackschleppen (S. 194) zu werden. Ihr Name könnte sich schon bald in einem biergesponserten Weltmeisterbuch wiederfinden, könnte in den Reihen der Handywerfer oder Kohlesackwettschlepper zur Legende werden. Kontaktadressen, Teilnahmebedingungen und Anfahrtsbeschreibung in unserem Buch sollen Ihnen den Weg dorthin so leicht wie möglich machen.

Ein ganz persönliches Fazit zu jeder dieser wundervollen Verrücktheiten konnten wir uns einfach nicht verkneifen. Ebenso subjektiv ist unser kleines Bewertungssystem, das wir uns zur besseren Orientierung haben einfallen lassen: Der Wahnsinnsfaktor (›crazy‹) muss bei wenigstens eins von drei liegen, sonst hat die Sache nichts im Buch verloren. Sehr viele der Veranstaltungen haben zudem mit Dreck zu tun, deswegen haben wir den Schmutzfaktor (›dirty‹) als Kriterium eingeführt. Und dann sind viele Wettkämpfe körperlich sehr anspruchsvoll, weswegen wir auch den Sportlichkeitsfaktor (›sporty‹) mitbewertet haben. Und wer weder schmutzig werden noch sich groß anstrengen möchte, kann ja immer noch Weltmeister im Brennnessel-Essen werden (S. 49).
Was auch immer Sie aus unserem Buch für sich mitnehmen, wir wünschen Ihnen wenigstens so viel Spaß beim Lesen, wie wir ihn beim Ausprobieren und Schreiben hatten.

Ralf Prestenbach und Wolfram Denzer

PS: Und sollten Sie der Meinung sein, dass wir eine ganz besonders durchgeknallte europäische Veranstaltung übersehen haben, dann besuchen Sie uns doch im Internet unter www.gocrazy.eu. Hier finden Sie aktuelle Informationen und können jederzeit Kontakt mit uns aufnehmen!

Mai

Bobby-Car-Rennen/ NRW-Meisterschaft

Silberg, Deutschland
Jedes Jahr zum 1. Mai

Bobby Cars sind seit einigen Generationen in der Kindheit einfach nicht wegzudenken, praktisch jeder Ein- bis Fünfjährige hat schon einmal auf so einem Gefährt Platz genommen und Spaß gehabt. Spätestens ab der Grundschule waren die Teile dann peinlich und wurden in Kellern und Garagen eingemottet oder an die Nachgeborenen weitergereicht.

Die Herstellerfirma ist mit ihrem Dauerbrenner hochzufrieden, hätte aber sicher nicht damit gerechnet, dass plötzlich die Väter der Zielgruppe selbst (wieder) auf dem Plastikauto Platz nehmen und mit bis zu hundert Stundenkilometern brutale Pisten herunterrasen.

Die Legende besagt, dass sich am Vatertag 1994 im Örtchen Silberg im Sauerland die feiernden Väter spontan auf den Mini-Gefährten ihrer Kinder niederließen und den örtlichen Hügel hinabsausten. Und da es ihnen wohl einen riesigen Spaß machte (oder sie nur an die Freuden ihrer eigenen Kindheit erinnert wurden), gründeten sie den Bobby-Car-Club Deutschland e.V. (BCCD), ersannen einen ganzen Katalog von Regeln und traten eine riesige Welle los. Allein 19 Clubs sind von der Homepage des BCCD verlinkt, es gibt Landes-, Deutschland-, Europameisterschaften.

Neben dem Rennen selbst ist es natürlich eine technische Herausforderung, solch ein Stück Plastik mit Rädern für Kleinkinder zu einem renntauglichen Gefährt umzubauen. Da wird der deutsche Tüftelgeist gefordert, und schon regnet es Keramikkugellager, Leichmetallfelgen, Schaumstoffstoßdämpfer, Aluminiumsitze und was einem noch so alles einfallen kann. Nur der ursprüngliche Körper des Bobby Cars darf nicht zerlegt oder modifiziert werden.

Natürlich nehmen die Fans und Aktiven des Sports, Spaß hin oder her, die Sache richtig ernst und haben beispielsweise Weltranglisten aufgestellt, die bereits Profis und Amateure unterscheiden.

Die Saison umfasst zehn und mehr Rennen. Die Strecken sind mit Strohballen gesichert, und man sieht als Zuschauer spektakuläre Crashs, als Fahrer aber nur den sehr nah gelegenen Asphalt.

Da in Silberg die Wiege dieses in Deutschland mittlerweile sehr beliebten Rennsportes liegt, findet daher dort auch jedes Jahr der Saisonauftakt am ersten Mai statt.

Wie weit sich der Sport bereits von seinen Wurzeln entfernt hat, kann man an folgender Satzungsänderung ablesen, die im Jahre 2007 beim Bundesverbandstag beschlossen wurde:

»Alkohol ist für den Zeitraum des freien Trainings und am Tag des Rennens (bis zum Ausscheiden) verboten. Bei Verstoß erfolgt eine sofortige Disqualifikation und Streichung der bis dahin in diesem Rennen erreichten Weltranglistenpunkte. Dies hat der Fahrer ausdrücklich anzuerkennen.«

Man bekommt unwillkürlich die Zukunftsvision von Bobby-Car-Fahrer-Camps mit spezialisierten Mechanikern in bunten Overalls, die auf dem Bauch liegend fliegende Reifenwechsel am Bobby Car vornehmen …

Fazit

Das Kind in uns allen ist manchmal ein gefährlicher Mitreisender, das uns auf wirklich blödsinnige Ideen bringt. Wie gut, dass wir uns ganz erwachsene Regeln geben können, um trotzdem mit dem Leben davonzukommen!

Internet

www.bobbycarclub.de

Teilnahme

Teilnehmen kann jeder, der ein original Big Bobby Car besitzt. Zusätzlich muss das »Rennfahrzeug« noch mit einer Hupe ausgestattet werden. Jeder Fahrer erhält bei seinem ersten Rennen vom Hauptverband eine Startnummer gegen ein Pfand von zehn Euro, die er bei jedem Rennen mitbringen sollte, wenn er nicht jedes Mal eine neue Startnummer kaufen möchte.

Anreise

Silberg liegt 20 Kilometer nördlich von Siegen im Sauerland. Zur A45/Ausfahrt Olpe sind es ca. zehn Kilometer.

Reglement & Teilnahmebedingungen

1. Der *Kunststoffkörper* des Bobby Cars darf nicht in Einzelteile zerlegt und durch irgendwelche Hilfsmittel künstlich verlängert oder verbreitert werden. Das Car muss mind. vier Räder haben!
2. Die Bobby Cars dürfen folgende Maße *nicht* überschreiten: Gesamtbreite: max. 500 mm. Gesamtlänge: max. 740 mm. Gesamthöhe: max. 550 mm. Raddurchmesser: max. 240 mm. Gewicht: max. 40 kg.
3. Jeder Fahrer *muss* ein akustisches Warngerät (Hupe) am Fahrzeug befestigt haben.
4. Es werden nur Fahrzeuge zugelassen, die von der Firma BIG Spielwarenfabrik stammen bzw. hergestellt sind!
5. Bei dem Training sowie bei dem eigentlichen Rennen *muss* der Fahrer einen Visierhelm und Schutzkleidung (Jacke, lange Hose, Lederhandschuhe, Protektoren) tragen.
6. Jeder Starter kann nur mit einem Fahrzeug teilnehmen. Ersatzfahrzeuge sind nicht erlaubt.
7. Der Starter bzw. Teilnehmer nimmt an dem Rennen bzw. der Veranstaltung auf eigene Gefahr teil und versichert, dass er am Veranstaltungstag das 18. Lebensjahr vollendet hat.
8. Halten, stoßen, ziehen oder ähnliche Körperkontakte während des Rennens werden mit sofortiger Disqualifikation geahndet.
9. Der Start erfolgt aus dem Stillstand sowie aus dem natürlichen Gefälle der Strecke ohne körperlichen Einsatz,

wobei die Vorderkante des Fahrzeuges an der Startklappe (Höhe: 120 mm) anliegen muss und im Zieleinlauf die Vorderkante des Fahrzeuges entscheidet. Für die Startseite entscheidet das Los.

10. Für die gesamte Sicherheit ist der austragende Verein selbst zuständig. Der Bobby-Car-Club Deutschland e. V. haftet nicht.
11. Es ist kein Antrieb genereller Art gestattet.
12. Scharfe Ecken und Kanten sind am Fahrzeug nicht erlaubt.
13. Alkohol ist für den Zeitraum des Freien Trainings und am Tag des Rennens (bis zum Ausscheiden) verboten. Bei Verstoß erfolgt eine sofortige Disqualifikation und Streichung der bis dahin an diesem Rennen erreichten Weltranglistenpunkte. Dies hat der Fahrer ausdrücklich anzuerkennen.
14. Der Fahrer erhält bei seinem ersten Rennen vom Hauptverband eine Startnummer gegen ein Pfand von zehn Euro. Der Fahrer verpflichtet sich, diese Startnummer bei jedem Rennen mitzubringen. Bei Verlust bzw. Nichtmitbringen am Veranstaltungstag muss er eine neue Startnummer erwerben.

Allgäu-Orient-Rallye

Start: Oberstaufen, Deutschland/ Ziel: Amman, Jordanien

Jedes Jahr Anfang Mai

»Eines der letzten automobilen Abenteuer dieser Erde«, so bezeichnet das Organisationskomitee ganz zu Recht die Rallye Allgäu–Orient. Es geht dabei um Spaß, um Käse und um Kamele. Denn der Hauptpreis für das Gewinner-Team ist tatsächlich ein echtes Kamel. Das bleibt zwar in Jordanien, darf aber jederzeit besucht werden.

Dieses Anti-Rennen ist so angelegt, dass es wirklich jeder Führerscheinbesitzer wagen kann, wenn es denn der Wagen kann. Der muss nämlich entweder mindestens 20 Jahre alt sein oder weniger als 2000 Euro wert sein, aber trotzdem TÜV und Zulassung besitzen.

Gestartet wird in Teams zu vier Leuten in zwei Autos oder zu sechs Leuten in drei Autos. Im Ziel ankommen muss am Ende das gesamte Team, aber nicht alle Autos. Ferner gelten folgende kostendämpfende Maßnahmen: Übernachtungen dürfen nicht mehr als zehn Euro pro Person kosten, Autobahnen und mautpflichtige Strecken sind verboten, Navigationsgeräte sind ebenfalls nicht gerne gesehen. In jedem Land warten Sonderaufgaben auf die Teilnehmer. Außerdem dürfen nicht mehr als 666 Kilometer und nicht weniger als 60 Kilometer pro Tag gefahren werden.

Besonders skurril war in einem der vergangenen Rennen der Auftrag, einen Ballen Allgäuer Heu für das Kamel am Zielort abzuliefern. Als einer der Fahrer versuchte, das einem rumänischen

Grenzer zu erklären, fühlte sich dieser auf den Arm genommen und buchtete den armen Fahrer für drei Stunden ein.
Die Kosten von durchschnittlich 1500 bis 2000 Euro pro Nase können sich die Teams durch Sponsoren refinanzieren. Dabei ist dem Ideenreichtum kaum eine Grenze gesetzt. Ein Team ließ beispielsweise Leute für je einen Euro auf dem Auto unterschreiben und hatte so einen Wagen mit 2000 Unterschriften. Andere ließen ihr Auto für zehn Euro pro Schlag mit dem Vorschlaghammer verbeulen. Mit Abschiedspartys, Diavorträgen, Firmensponsoring etc. sind ebenfalls kostendeckende Einnahmen möglich.
Und wo bleibt der Käse? Nun, die ganze Aktion ist dazu da, in Jordanien eine Käserei nach Allgäuer Vorbild aufzubauen, in der die Beduinen ihre Milch verarbeiten können. Deswegen bleiben die Autos auch dort und werden vor Ort verkauft, um das Projekt zu unterstützen. Außerdem kann es vorkommen, dass den Teilnehmern schon mal Baustoffe und technisches Gerät in die Wagen gepackt werden, die für den Bau notwendig sind.
Zu den Sponsoren der Rallye gehört mittlerweile auch das Welternährungsprogramm der UN, laut Veranstalter »ein ganz besonderer Partner, der zwar kein Geld, aber dafür einen guten Namen mit guten Verbindungen hat«.

Fazit

Dass bei der Geburt der Rallye Allgäu–Orient Alkohol im Spiel war, gibt der Veranstalter offen zu (»eine Schnaps-Idee«). Dass diese Volks-Schrott-Rallye vom Start weg immense Aufmerksamkeit genoss, liegt wohl auch am Appell an den Wahnsinn, der jedes Team beseelen sollte.

Internet

www.allgaeu-orient.de/de/

Teilnahme

Die Anmeldung zur Allgäu-Orient-Rallye erfolgt per Post und bedarf einer Originalunterschrift. Die Teilnahmegebühren pro Person betragen 111,11 Euro, also 666,66 Euro für das gesamte Team.

Anmeldung

www.allgaeu-orient.de/anmeldung.html

Anreise

Oberstaufen liegt im Allgäu zwischen Kempten und Sankt Gallen. Amman liegt in Jordanien.

Cheese Rolling

Cooper's Hill, Gloucestershire, England

Jedes Jahr letzter Bank-Holiday-Montag im Mai

Es regnet und stürmt, als wäre das Ende der Welt gekommen. Bäume neigen sich beängstigend weit in alle Himmelsrichtungen, und der Boden unter den Füßen hat sich schon seit geraumer Zeit verflüssigt.

In den meisten Ländern ruft man bei solch einem Wetter den nationalen Notstand aus, nicht so in England! Hier trifft man sich einmal jährlich zu Tausenden am Cooper's Hill in Gloucestershire, um einen 3,2 Kilogramm schweren Käse und unzählige Unerschrockene einen Abhang hinabstürzen zu sehen. Das Wetter scheint dabei niemanden zu interessieren. Und unerschrocken sollte man als Teilnehmer allein schon deshalb sein, weil sich jedes Jahr viele »Cheese Roller« verletzen, manche von ihnen sogar schwer. Zu Tode kam bei dieser traditionsreichen Veranstaltung zwar noch niemand, aber Querschnittslähmungen gab es schon einige.

Cooper's Hill ist voll von glitschigen Schlammlachen, nassem Gras, rutschigem Laub und vielen anderen Fallen. Die Teilnehmer purzeln und stürzen und fliegen in einem chaotischen Durcheinander den Berg hinunter, wo sie von den Helfern der lokalen Rugby-Mannschaft professionell eingefangen werden. Die Zahl der Verletzten ist enorm hoch und führte deswegen 1998 zum Verbot der Veranstaltung, bis die Veranstalter das Rennen etwas entschärften. Jetzt werden »nur« noch etwa ein Dutzend Verletzte pro Veranstaltung in die lokalen Krankenhäuser eingeliefert.

Es gibt drei Rennen für Männer, eines für Frauen und eines für Kinder bis zwölf Jahre. Außerdem wurden mittlerweile Bergaufrennen eingeführt, welche ein bisschen gesünder sind als die traditionellen Bergabrennen.

Die Gewinner dürfen den Käse behalten, der Zweitplatzierte bekommt satte zehn Britische Pfund, der Dritte immerhin noch fünf Pfund. Es ist also nicht der schnöde Mammon, für den die Teilnehmer hier Kopf und Kragen riskieren. Es geht wohl eher um Selbstüberwindung, Bravado, und, wie immer in England, um Tradition. Auch wenn keiner weiß, wie lange schon in Gloucester der Käse rollt, so sind es wenigstens 200 bezeugte Jahre.

Auch den Zuschauern wird beim Cheese Rolling so einiges abverlangt. Vor allem denjenigen, die rechts und links der 200 Meter langen »Rennstrecke« stehen. Hier hat der Hügel ein unglaubliches Gefälle von 70 Prozent, und es gibt keinerlei Steighilfen oder Geländer. Daher sind bei sintflutartigen Regenfällen wie im Jahr 2008 die Zuschauer nach der Veranstaltung genauso schlammgebadet wie die Teilnehmer. Man rutscht und fällt und kann froh sein, sich nicht noch den Knöchel oder das Handgelenk zu brechen.

Darum ist der beste Platz zum Zuschauen am Fuße des Hügels. Hier muss man nicht klettern und hat, vorausgesetzt, man ist schon zwei Stunden vor Beginn der Veranstaltung da, auch eine sehr gute Aussicht auf alles, was da kommen mag. Doch einen

Haken gibt es auch hier: Der Käse der Marke Double Gloucester hat an der Ziellinie fast 100 Stundenkilometer, wenn er in das Fangnetz rauscht. Wird er aus der Bahn in Richtung Zuschauer abgelenkt, kann es auch hier schon mal zu ernsthaften Verletzungen kommen.

Für alle diejenigen, die beim Cheese Rolling teilnehmen möchten, hier noch einige ernst zu nehmende Ratschläge:

Rasen Sie nicht los, als gäbe es nichts zu verlieren. Nicht alle Knochen heilen ohne Folgen. Vielleicht geben Sie Ihr Vorhaben ja bereits auf, sobald Sie von der Spitze des Hügels in den Abgrund schauen. Eine Skisprungschanze ist dagegen ein Kindergeburtstag!

Falls Sie es aber trotzdem probieren möchten, lassen Sie Ihren Ehrgeiz zu Hause. Laufen Sie langsam leicht nach hinten gelehnt los und setzen Sie sich im Notfall auf Ihren Hosenboden. So werden Sie wahrscheinlich keinen dreckig verbeulten Käse gewinnen, können aber die Rennstrecke auf Ihren eigenen Beinen wieder verlassen. Dem 19-jährigen Christopher Anderson, einem der Gewinner in 2008, gelang das nicht mehr. Er wurde auf einer speziellen Bahre wirbelsäulenverletzt vom Platz getragen.

Noch ein letztes Wort der Warnung an alle, die sich als Teilnehmer oder Zuschauer mit größeren Mengen Alkohol befassen wollen: Es gibt keine Toilette auf dem Gelände!

Fazit

Wie bei vielen Dingen, die einmal Sinn machten, dann zur Tradition erstarrten und nun völlig sinnfrei weitergeführt werden, ist auch beim Cheese Rolling zu vermerken, dass körperliche Unversehrtheit mit Freuden der Tradition geopfert wird.

Internet

www.cheese-rolling.co.uk/

Teilnahme

Eine Anmeldung ist beim Cheese Rolling nicht nötig. Einfach hinfahren und mitmachen!

Anreise

Cooper's Hill befindet sich zwischen Gloucester, Cheltenham und Stroud, direkt an der A46 Cheltenham–Stroud, 50 Kilometer nordwestlich von Bristol.

Tetbury Woolsack Race/ Wollsackwettrennen

Tetbury, Gloucestershire, England

Bank-Holiday-Montag Ende Mai

Etwa zeitgleich mit dem berüchtigten Cheese Rolling in Gloucestershire (siehe Seite 16), wo man einen steilen Hügel hinablaufen soll, findet das ebenso traditionelle Wollsackrennen statt, bei dem man einen steilen Hügel hinaufrennen soll, allerdings mit einem Sack Wolle auf dem Rücken. Wolle? Das fluffige Zeug, das man den Schafen abschert, damit sie nicht so schwitzen im Sommer? Das hört sich erst mal nicht ganz so herausfordernd an. Aber wenn die Wolle schön dicht in einem Sack zusammengepresst wird, ist das eine Belastung von immerhin 30 Kilogramm, die zudem unangenehme Ausmaße annimmt. So einen Wollsack gilt es schnellstmöglich 240 Meter zu schleppen, und zwar bergauf mit einer Steigung bis zu 25 Prozent.

Dieser Wettstreit wird seit etwa 400 Jahren im Städtchen Tetbury ausgetragen, und es verwundert nicht, dass Start und Ziel jeweils von einem Pub geziert werden. Der Ort war jahrhundertelang ein wichtiger Markt für Wolle und Garn, lag er doch mitten in einem von Schafzucht geprägten Gebiet und auf halber Strecke zwischen den Handelszentren Oxford und Bristol. Die Idee des Rennens soll als reine Kraftmeierei junger Männer geboren worden sein, die mit ihrem Wettkampf die weibliche Bevölkerung beeindrucken wollten.

Seit etwa 30 Jahren findet das Rennen in seiner heutigen, durchorganisierten Form statt, und die Damen können jetzt auf die Angeber dankend verzichten und stattdessen selbst laufen. Netterweise sind ihre Säcke aber nur etwa halb so schwer.

Neben den Einzelwettbewerben für Damen und Herren gibt es aber auch noch einen Staffellauf für Teams und ein Rennen für Jugendliche zwischen 14 und 17 Jahren. Den jeweiligen Gewinnern winken ein Preisgeld von 100 Pfund für die Solisten bzw. 200 Pfund für die Teams. Für einen Streckenrekord gibt es außerdem einen Eintrag in das Guinnessbuch der Rekorde. Aber da muss man sich im Hochleistungsbereich zu Hause fühlen, denn der aktuelle Rekord der Herren liegt seit 2007 bei 45,94 Sekunden, die schnellste Frau brachte 2005 ihren Sack immerhin in einer Minute und fünf Sekunden auf den Berg.

Wie immer bei solchen Veranstaltungen in England gibt es drum herum jede Menge Karussells, Verkaufsstände, Bier, Verlosungen, Versteigerungen, Volkstanz, Musik, noch mehr Bier (sogar mit einer eigenen Sorte, dem »Woolsack Runner«), Zauberer, Clowns, Puppentheater und gegrillte Tiere (mit Bier). Die Einnahmen gehen an lokale Einrichtungen wie Kindergärten und Krankenhäuser.

Fazit
Wie wollen wir wilde Wollsackläufer in wohlgesetzte Worte würgen?

Teilnahme
Teilnahmeformulare gibt es auf der Webseite. Einzelkämpfer zahlen fünf Pfund Startgeld, Teams derer 20.

Internet
www.tetburywoolsack.co.uk

Anreise
Von London liegt Tetbury etwa zwei Stunden westlich, auf der M4 recht einfach zu erreichen. Von Bristol sind es etwa 40 Minuten Richtung Nordost. Der nächste Bahnhof in Hereford ist immer noch gute 15 Kilometer entfernt.

Masturbate-a-thon/ Selbstbefriedigungswettbewerb

Kopenhagen, Dänemark

Jedes Jahr Ende Mai

Bei einer Allensbach-Umfrage gaben 39,7 Prozent der Deutschen an, nie zu onanieren. Ob man das so glauben kann? Wirklich nie? Also nie, nie, nie? Oder ist das Thema vielleicht so peinlich, dass man noch nicht einmal auf einem anonymen Fragebogen ankreuzt »ja, ich onaniere!«?

Also, ihr 39,7 Prozent: Ab hier nur noch heimlich weiterlesen, denn genau das ist das Thema des »Masturbate-a-thon«. Es geht ums Onanieren, ums Kloppen, Lümmeln, Schuppern, Den-Ulrich-Würgen, Einen-von-der-Palme-Wedeln, Abmelken, 5 gegen Willi, Mütze-Glatze, spank the monkey, Würg-die-Gürk, Dremmeln, Klöppeln, um Autoerotik, wichsen, self-service, sich einen rauswinkeln, rubbeln, runterholen, Taschenbillard spielen, sich einen reiben, sich einen prügeln, schwupp schwupp machen, eine Einmann-/Einfrau-Party feiern, privat gehen, keulen, masturbieren, die Perle polieren, wurzeln, beten, beichten, abkurbeln, den Jürgen würgen, den Willi wurschteln, den Kasper schneuzen, oder wie immer man es auch nennen möchte …

Kurz gesagt: Masturbate-a-thon ist ein Selbstbefriedigungswettbewerb.

Den Veranstaltern geht es um die Enttabuisierung des Themas, um eine öffentliche Diskussion über den Umgang mit der eigenen Sexualität. Denn egal wie sexuell aufgeklärt und offen sich unsere Gesellschaft auch darstellt, gewisse Themen sind immer noch tabu. Und die Selbstbefriedigung gehört hier sicherlich dazu.

»Erfunden« wurde der Masturbate-a-thon von der Sexualtherapeutin Carol Queen 1998 in San Francisco. Die dort jährlich stattfindende Veranstaltung hat schon mehr als 25 000 Dollar für karitative Zwecke ein-»gespielt«.
Der erste europäische Masturbate-a-thon fand 2006 in London statt und lockte bereits mehr als 150 Teilnehmer und Teilnehmerinnen. Seit 2008 liegt der Austragungsort im dänischen Kopenhagen.
Bewertet werden bei diesem Wettbewerb drei unterschiedliche Fähigkeiten. Es geht um die Dauer der Masturbation, um die Anzahl der Orgasmen und um die Flugweite des Ejakulats. Und das sowohl bei Männern wie auch bei Frauen. Auch wenn es sich um einen echten »Volkssport« handelt, sollte Mann/Frau schon einiges an Erfahrung mitbringen. Zumindest wenn Mann/Frau es auf einen der ersten Plätze abgesehen hat. Das zeigen die Ergebnisse des Masturbate-a-thon 2008 in Kopenhagen:

Ausdauer Männer:
1. Andersen (Dänemark) 8 Stunden und 6 Minuten
2. Klimes (Tschechien) 8 Stunden und 5 Minuten
3. Madsen (Dänemark) 7 Stunden und 51 Minuten

Ausdauer Frauen: Keine Wertung

Meiste Orgasmen Männer:
1. Mijaji (Japan) 28
2. Eric (Dänemark) 6
2. PL (Dänemark) 4

Meiste Orgasmen Frauen:
1. Pernille (Dänemark) 94

2. Ovidie (Frankreich) 26
3. KT (Finnland) 23

Weitspritzen Männer:
1. Barrett (England) 2,91 Meter
2. MK (Dänemark) 1,35 Meter
3. LA (Dänemark) 1,13 Meter

Weitspritzen Frauen:
1. Pernille (Dänemark) 2,84 Meter

Den aktuellen Weltrekord im »Dauerdoityourself« hält der Japaner Masanobu Sato. Aber das sollte einen nicht wirklich wundern, schließlich haben die Japaner einen ganz anderen Umgang mit Sexualität im Allgemeinen und mit Selbstbefriedigung im Speziellen. Das fängt schon bei der Sprache an: Die männliche Masturbation nennt man auf Japanisch auch »Senzuri«, was so viel bedeutet wie »Eintausend Reibungen«. Die Weibliche hingegen heißt »Manzuri«, auf Deutsch »Zehntausend Reibungen«. Bei so viel sprachlichem Feingefühl kann man in dieser recht jungen »Sportart« vor allem von den Japanern wohl noch einige Höchstleistungen erwarten.

Fazit

Onanie schadet nie. Besserwichser aller Länder, vereinigt euch!

Internet

www.masturbate-a-thon.dk

Anreise

Kopenhagen hat den sechstgrößten Flughafen Europas und ist auch per Bahn sehr einfach zu erreichen. Mit dem Auto fährt man entweder die Strecke von Flensburg über die 1998 fertiggestellte Brücke mit vierspuriger Autobahn zwischen Fünen und Seeland. Oder man wählt den romantischeren Weg mit der Autofähre, die von Puttgarden/Fehmarn nach Rødby/Lolland nur eine Dreiviertelstunde braucht und zweimal stündlich ablegt.

Crazy: 3 Dirty: 1 Sporty: 2

Die offiziellen Regeln

- Es ist streng verboten, Kameras oder Mobiltelefone oder sonst ein Gerät zum Bildermachen zum Masturbate-a-thon mitzubringen.
- Masturbate-a-thon ist eine drogen- und alkoholfreie Veranstaltung. Tabakrauchen ist nur in speziellen Zonen gestattet. Um die höchstmögliche Hygiene zu gewährleis-

ten, können die TeilnehmerInnen nur ihre eigenen Sexspielzeuge verwenden. Außerdem muss jede/r TeilnehmerIn ein eigenes Handtuch mitbringen.

- Es ist streng verboten, irgendeinen anderen Teilnehmer zu berühren oder in sexuelle Handlungen zu verwickeln, außer sich vom Zuschauen erregen oder inspirieren zu lassen.
- Alle Einschränkungen müssen akzeptiert werden, und alle TeilnehmerInnen sollten sich gegenseitig mit Höflichkeit behandeln. Aus diesem Grund sollten sich alle so platzieren, dass sie nicht die Intimsphäre anderer verletzen und niemand das Gefühl haben muss, angestarrt zu werden.
- Der Dresscode reicht von nackt bis leicht bekleidet. Erotische Unterwäsche wird akzeptiert, außerdem ist es erlaubt, die Genitalien während des Masturbierens unter einem Tuch zu verbergen.
- Zu guter Letzt: Keine vorgetäuschten Orgasmen! Wenn du einen Orgasmus hast, freuen wir uns für dich, aber das ist nicht das Ziel.

Raketenschlacht zwischen Panagia Erythiani und Agios Markos

Vrondados, Insel Chios, Griechenland

Jedes Jahr am griechisch-orthodoxen Ostersonntag

Osterbräuche sind oftmals sehr skurril und mit dem gesunden Menschenverstand nur schwer zu erklären.

Nehmen wir zum Beispiel den »Osterhasen«, der in deutschsprachigen Ländern Hühnereier bunt bemalt und anschließend für die Kinder in der Landschaft versteckt. Macht das Sinn? Tschechen, Slowaken, Ungarn und Rumänen versuchen die Schönheit und Gesundheit ihrer Frauen zu konservieren, indem sie sie am Ostermontag mit Wasser besprengen und mit handgemachten Ruten (meist eher symbolisch) schlagen. Auch hier sei die Frage nach dem Sinn erlaubt. Immerhin dürfen die so behandelten Frauen sich in manchen Gegenden mit einem Eimer kalten Wassers für die Männer revanchieren.

Doch den Vogel abgeschossen hat der Osterbrauch des griechischen Städtchens Vrondados, und wahrscheinlich wird es tatsächlich nicht nur ein einziger Vogel gewesen sein.

In Vrondados gibt es zwei orthodoxe Gemeinden, die jedes Jahr am Abend des Ostersonntags Krieg spielen, und das mit selbstgebastelten Raketen. Das Ziel dabei ist es, die jeweils gegnerische Kirche, genauer gesagt die Glocken im Glockenturm zu treffen.

Von selbstgebauten Abschussrampen aus werden gleichzeitig ganze Batterien von Raketen auf die Reise zur Nachbargemeinde geschickt. Insgesamt mehr als 50 000 dieser selbstgebastelten Höllenfeuer werden jedes Jahr abgeschossen.

Aber wer jetzt denkt, dass das beschossene Gebiet zuvor groß-

räumig evakuiert wurde, der irrt gewaltig. Lediglich die Häuser, die direkt um die Kirche liegen, werden mit metallenen Fanggittern abgeschirmt, ansonsten herrscht »Business as usual«, will heißen: Während draußen der dritte Weltkrieg gegen die Kirchenwände anbrandet, wird drinnen die heilige Messe zelebriert, als gäbe es nichts Selbstverständlicheres.

Das Basteln dieser kleinen Geschosse ist aufgrund der vielen Unfälle mittlerweile zwar illegal, aber scheinbar nimmt es die Polizei mit den Kontrollen nicht ganz so genau. Anders lässt sich eine derart große Anzahl verschossener Raketen kaum erklären.

Woher dieses seltsame Verhalten zu Ostern kommt, weiß niemand mehr so genau. Gesichert ist nur, dass diese Tradition in der Zeit der türkischen Besatzung im 19. Jahrhundert gründet.

Einer Version zufolge nutzten die griechischen Fischer traditionell kleine Kanonen, um die Auferstehung Christi mit Böllerschüssen gebührend zu würdigen. Als die Besatzer ihnen dies verboten, kamen Sie auf die Idee, kleine Raketen zu bauen. Eine andere Version behauptet, die Türken hätten den Christen prinzipiell verboten, ihr Osterfest zu feiern. Daraufhin haben die beiden Gemeinden sich den Trick mit dem »Scheingefecht« ausgedacht. Die Besatzer zogen sich im ersten Moment überrascht zurück, und die Gemeinden Panagia Erythiani und Agios Markos konnten ungestört ihre Messe feiern.

Fazit

Wer schon mal ein wenig am Fegefeuer schnüffeln möchte, ohne dafür vorzeitig ins Gras beißen zu müssen, der ist hier gut aufgehoben.

Teilnahme

Für einen optimalen akustischen Eindruck nimmt man am besten an einer der beiden Messen teil. Ansonsten sieht man das Spektakel besonders gut von einer der Anhöhen, von denen die Raketen starten.

Achtung: In der griechisch-orthodoxen Kirche fällt Ostern nicht immer auf denselben Sonntag wie das Ostern in der katholischen und protestantischen Kirche, da es nach einem anderen Kalender berechnet wird.

Anreise

Vrondados liegt auf der griechischen Insel Chios in der Ägäis. Chios Airport wird täglich von Athen aus angeflogen. Außerdem gibt es tägliche Fährverbindungen nach Piräus und Mytilini.

Juni

Bürostuhlrennen

Löhningen, Schweiz
Jedes Jahr im Juni

Bad König-Zell, Deutschland
Jedes Jahr im April

Castorräder, Synchronmechanik, Gasfeder, Fußkreuz: ausgestattet sind moderne Bürostühle schon seit geraumer Zeit wie Rennwagen, allein – es kam noch niemand auf die Idee, sie zu diesem Zwecke auch einzusetzen. Zumindest bis zum Jahr 2005. Da gründete eine Handvoll Pfadfinder im kleinen Schweizer Örtchen Neuenkirch den BSE, den Büro Stuhl Event Verein, und veranstaltete das erste Rennen. Und schon bei dieser ersten Veranstaltung war das Publikums- und Medieninteresse riesengroß.
Trotzdem hätte bereits das Jahr 2006 beinahe das Ende der noch recht jungen Trendsportart bedeutet. Nach einigen unschönen Vorkommnissen beschloss der BSE Verein, sich aus dem Renngeschäft zurückzuziehen.
Aber 120 Kilometer weiter nördlich lag die Rettung. Die Schweizer Gemeinde Löhningen griff die Idee auf und veranstaltete ihr eigenes, mittlerweile ebenfalls sehr erfolgreiches Bürostuhlrennen. 2008 folgte dann »das erste offizielle deutsche Bürostuhlrennen« im südhessischen Bad König-Zell.
Doch wie funktioniert so ein Bürostuhlrennen überhaupt?
Bei den Schweizern kann man in den Kategorien »Classic« und »Crazy« teilnehmen. »Classic« bedeutet hier ohne Tuning, also nackte unveränderte Bürostuhle, die vom Veranstalter zur Verfügung gestellt werden. In der »Crazy«-Klasse dürfen Bürostühle

umgebaut und abgeändert werden, allerdings muss das Gefährt am Ende immer noch als Bürostuhl erkennbar sein, und ein eingebauter Antrieb ist auch nicht erlaubt.
Bei den Deutschen Bürostuhlmeisterschaften hingegen gibt es nur eine Kategorie, in der originale und umgebaute Bürostühle gleichzeitig starten. Allerdings darf auch hier kein eigener Antrieb eingebaut werden. Das Design wird nicht im Endergebnis, sondern durch einen gesonderten Preis belohnt.

Fazit

Stuhlrennen ist nicht die Steigerung von Stuhlgang, auch wenn die Körperhaltung oft sehr ähnlich scheint.

Internet

www.buerostuhlrennen.ch
www.buerostuhlrennen.com

Teilnahme

Anmeldeformulare finden sich auf der jeweiligen Internetseite.

Anreise

Das 1100 Einwohner zählende Löhningen liegt am Südfuß des Randens in der Nähe von Schaffhausen. Von dort gibt es tägliche Busverbindungen. Der nächste Bahnhof befindet sich ebenfalls in Schaffhausen. Der internationale Flughafen Zürich ist in 30 Autominuten erreichbar.
Bad König-Zell liegt ca. 30 Kilometer südöstlich von Darmstadt und ist mit Bus oder Bahn zu erreichen.
Der nächste größere Flughafen befindet sich in Frankfurt am Main.

Crazy: 1 Dirty: 0 Sporty: 1

Robert Dover's Cotswold Olimpick Games/ Britische Meisterschaften im Schienbeintreten

Chipping Campden, Cotswold, Gloucestershire, England

Jedes Jahr erster Freitag im Juni

Eigentlich sind die »Robert Dover's Olimpick Games« eine traditionsreiche und recht nette Veranstaltung, die auf das Jahr 1612 zurückgeht. In meist lustigem Wettstreit wird in Disziplinen wie Sackhüpfen, Ringen, Baumstammwerfen, Schubkarrenrennen, Vorschlaghammerwerfen und anderen ländlich-vergnüglichen Aktivitäten gekämpft. Eigentlich harmlos, wenn es da nicht die Hauptattraktion gäbe: die »Britische Meisterschaft im Schienbeintreten«. Denn da hört jeder Spaß auf und fängt der Schmerz an.

Tatsächlich kann man auf einem Bild von 1632, das die »Olimpicks« von Chipping Campden darstellt, bereits einen Schienbeintrittwettbewerb erkennen. Wohl vor allem wegen diesen immer heftiger werdenden Kämpfen wurden die Spiele 1850 verboten, obwohl man damals bis zu 30 000 Besucher zählte. 1950, also hundert Jahre später, rief man jedoch diesen legendären Wettbewerb wieder ins Leben, wenn auch in entschärfter Form. So sind heute weiche Schuhe vorgeschrieben, und die Kontrahenten dürfen sich die Hose mit Stroh ausstopfen. Dazu tragen sie traditionell eine weiße Schäferjacke.

Das ist allerdings doch recht weit weg vom Original. Historische Quellen berichten, dass die Kämpfer stahlbewehrte Schuhe zu tragen pflegten und zu Übungszwecken mit Schmiedehämmern ihre Schienbeine malträtierten. In viktorianischen Zeiten wurde in den großen Bergbaugegenden von England sogar nackt gekämpft, mit Ausnahme der stahlkappenbewehrten Bergbaustiefel. Ein Kampfbericht von 1843 spricht von 45 Minuten nacktem Schienbeintreten, alles für ein Pfund Preisgeld. Beide Kämpfer sollen ernsthaft verletzt worden sein, es gibt auch Berichte über Todesfälle.

Und selbst die »weiche« Version von heute ist immer noch ziemlich schmerzhaft, erfahrene Schienbeintreter empfehlen Bierkonsum als Vorab-Anästhesie. Die Kämpfer halten sich an den Schultern und versuchen, den Gegner per Schienbeintritt aus dem Gleichgewicht und zu Boden zu bringen. Tritte oberhalb des Knies sind nicht erlaubt, und es muss ein Treffer gelandet werden, bevor der Gegner zu Boden geht. Einfaches Niederringen wird nicht als Sieg anerkannt.

Der wahre Verlierer in dieser masochistischen Sportart ist der Gewinner, der sich durch alle Vor- und Zwischenrunden hat treten (lassen) müssen, um im Endkampf die ohnehin ruinierten Beine weiter zu quälen.

Jenseits dieser Angst erregenden Kämpfe sind die »Olimpicks« aber ein schönes, traditionelles Fest mit Umzügen und Kostümen und Volkstanz, gänzlich kinderkompatibel und ländlich-englisch.

Fazit

Die Shin Kickers Association of Britain (SKAB) sagt: »Es gibt keinen Grund für Dopingtests – Dummheit wird gefordert und gefördert.« Oder ganz englisch: »No Brain, No Pain.«

Internet

www.olimpickgames.co.uk

Anmeldung

Offen für alle, einfach Stroh ins Hosenbein stopfen und antreten!

Anreise

Chipping Campden liegt ca. 50 Kilometer von Birmingham entfernt, wo sich auch der nächste internationale Flughafen befindet.

Man vs. Horse/ Marathon Mensch gegen Pferd

Llanwrtyd Wells/Powys, Mid Wales

Jedes Jahr am zweiten Samstag im Juni

Der erste Event im walisischen Dörfchen Llanwrtyd Wells, noch vor dem Sumpfschnorcheln und dem Moortriathlon (Seite 74), war der Marathon »Mensch gegen Pferd«. Der Idee ging wie so oft ein Abend im Pub voraus, wo der Wirt Gordon Green eine Diskussion verfolgte, ob ein Mensch über lange Strecken einem Pferd ebenbürtig sei oder nicht. Da Wales ein Zentrum von Pferdenarren ist, war es recht einfach, diese Theorie in der Praxis und der Öffentlichkeit zu überprüfen.

So startete 1980 zum ersten Mal ein Feld von Reitern gegen eine Horde von Läufern auf einem 22 Meilen langen Kurs (35,42 km), der zwar nicht ganz die Marathon-Distanz darstellt, aber durch ziemlich anstrengendes Gelände führt. Es gilt unter anderem, etwa 1000 Höhenmeter zu überwinden, einige Streckenabschnitte führen durch das Hochmoor, durch Bäche, über verschlammte Wege und andere unbefestigte Untergründe. Wenn es dann auch noch das gute englisch-walisische Sommerwetter mit wochenlangem strömendem Regen gibt, wird sich mancher Läufer vier anstatt zwei Beine wünschen. Der typische Zieleinläufer sieht deshalb auch meistens einem Sumpf-Triathleten sehr ähnlich.

Das Rennen wurde beständig erweitert, seit 1985 dürfen auch Fahrradfahrer teilnehmen, und auch Staffeln von drei Läufern sind möglich. Erst 1989 schaffte es ein Fahrradfahrer, die Pferde zu besiegen. Der jährlich um 1000 Pfund gewachsene Jackpot für den ersten Einzelläufer, der die Pferde niederrennt, wurde erst im Jahr 2004 vom Londoner Amateur Huw Lobb (2:05:19) geknackt, der 25 000 Pfund mitnehmen durfte und endlich die Thekenthese bewiesen hatte, dass ein Mensch ein Pferd über lange Strecken schlagen kann. An diesem legendären Rennen hatten 500 Läufer und 40 Pferde teilgenommen. 2007 wiederholte der Deutsche Florian Holzinger den Triumph der Hominiden mit satten elf Minuten Vorsprung vor dem ersten Pferd im Ziel (2:20:30).

Eigentlich ist es fast erstaunlich, dass es so lange dauerte, denn Pferde sind von Natur aus faule Viecher, die sich nur auf der Flucht oder beim Spielen schneller als im Schritt bewegen und für Langstreckenlaufen keinerlei evolutionäre Basis haben. Anders der Mensch, der vor etwa 1,5 Millionen Jahren durch Fellverlust und Fleischfresserei lernte, sich selbst zu kühlen und seiner Mahlzeit einfach so lange hinterherzulaufen, bis diese mit Hitzschlag zusammenbrach. Diese Jagdtechnik kann man heute noch bei den Buschmännern der Kalahari beobachten.

Fazit

Eine wahnsinnig anstrengende Methode, sein Selbstbewusstsein und das einer ganzen Spezies zu heben. Den Pferden ist es wahrscheinlich komplett egal, ob sie gewinnen oder nicht.

Internet

www.llanwrtyd-wells.powys.org.uk/eventmanvhorsevbike.htm

Teilnahme

Die Teilnahmegebühr für Einzelläufer und Fahrradfahrer beträgt 18 Pfund, für Staffel-Teams 54 Pfund und für Pferd mit Reiter

25 Pfund. Für die Anmeldung schicken die Zweibeiner einen selbst adressierten und frankierten A4-Umschlag an: Man v Horse Marathon, Green Events Office, Ty'r Sospan, Britannia House, Llanwrtyd Wells, Powys LD5 4SS.
Die Vierbeiner machen dasselbe an diese Adresse: Man v Horse Marathon, Jacky Brown, Mid Wales Riding Centre, Llangammarch Wells, Powys, LD4 4DE.

Anreise

Das kleine Städtchen Llanwrtyd liegt ca. 100 Kilometer südwestlich von Birmingham. Dort findet man den nächsten internationalen Flughafen.

Crazy: 2 Dirty: 1 Sporty: 3

World Custard Pie Championship/ Weltmeisterschaft im Sahnetortenwerfen

Mote Park, Maidstone, Kent, England

Jedes Jahr Mitte Juni

Seit Stummfilmtagen ist die gut geworfene Sahnetorte der Slapstickgag schlechthin, die Mutter aller Lebensmittelschlachten und aus keinem Zirkusclownprogramm wegzudenken.

Den Verdienst, die Sahnetortenschlacht auch für Laien zugänglich gemacht zu haben, darf sich der damalige Stadtrat von Maidstone, Mike Fitzgerald, zuschreiben. Er wollte Gelder für die Errichtung eines Versammlungshauses auftreiben und gleichzeitig seiner Gemeinde eines jener typisch britischen Events spendieren, die sich auch in unserem Buch zuhauf finden. Von Anfang an erfreute sich die Tortenschlacht einer großen Popularität, aber als Mike Fitzgerald 1984 umzog, nahm er auch die Tortenwurfmeisterschaft mit sich. Im Jahre 1988 starb die Tradition aus, offiziell, weil man den Pokal verloren hatte und er nirgends zu finden war.

Zum 40. Jubiläum 2007 aber war Mike Fitzgerald als Bürgermeister nach Maidstone zurückgekehrt, und die Tortenschlacht erhob erneut ihr cremegesalbtes Haupt.

Es wird hier aber nicht einfach nur wild um sich geworfen: Vielmehr gilt es, in Mannschaften zu vier Mitwerfern gegen andere Teams Punkte zu sammeln. In den Vorausscheidungen werden fünf Torten pro Werfer vergeben, jeweils sieben im Semi-Finale, und maximal zehn im Finale. Ein Gesichtsvolltreffer wird mit sechs Punkten bedacht, ein Fasttreffer auf Schulterhöhe oder drüber bringt noch drei Punkte, irgendetwas anderes zu treffen wird mit einem Punkt belohnt. Wer zweimal vorbeiwirft, bekommt einen Punkt Abzug. Da die kämpfenden Teams höchstens zwei Meter auseinanderstehen, ist das wohl nur möglich, nachdem man einem komplett augenverklebenden Volltreffer kassiert hat.

Dann gibt es auch noch die Möglichkeit, über Kostüme Punkte zu sammeln. Dafür defilieren die Teams in einer Parade vor den Kämpfen an den Schiedsrichtern vorbei, die bis zu sechs Punkte pro Mannschaftsmitglied vergeben können. Sobald die Torten fliegen, ist das Kostüm nämlich nicht mehr zu beurteilen, geschweige denn zu retten.

Die Teilnehmer kommen meist aus aller Herren Länder, und die Wurftorten sollen zudem recht lecker sein. Auf der Website www.wcpc.me.uk gibt es eine Anleitung klassischer Tortenwurfkomik von niemand Geringerem als dem Monty Python Flying Circus.

Drum herum findet noch jede Menge familienfreundliches Rahmenprogramm statt, beispielsweise ein Kinderkostümwettbewerb, die englischen Meisterschaften im einbeinigen Hüpfen (auch nur für Kinder) und ein Eierwurfwettbewerb.

Fazit

Um in den großen Fußstapfen von Charlie Chaplin, Stan Laurel und Oliver Hardy zu wandeln, muss manche Torte geworfen und empfangen werden. Ein schmutziger, aber harmloser Spaß.

Internet

www.wcpc.me.uk/

Teilnahme

Um ein Team anzumelden, entweder die Anmeldung herunterladen oder per E-Mail entry@wcpc.me.uk anfordern.

Anreise

Maidstone liegt 50 Kilometer südwestlich von London auf dem Weg nach Dover.

Crazy: 2 Dirty: 3 Sporty: 1

The Great Knaresborough Bed Race/ Bettenrennen

Knaresborough, North Yorkshire, England

Jedes Jahr Mitte Juni

Ein Bett hat ja normalerweise das Image des Statischen, doch gibt es vom Kinderbettchen bis zum Krankenbett auch Betten auf Rollen. Aber selbst diese sind nicht wirklich für hohe Geschwindigkeiten ausgelegt. Beim Bettenrennen in Knaresborough aber wird das Bett nicht nur per Muskelkraft hoch beschleunigt, es muss auch noch schwimmen können.

Angefangen hat das alles 1963, als eine arme Familie in der Stadt Geld brauchte, um einem Kind eine Operation zu ermöglichen. In ihrer Verzweiflung schoben sie zusammen mit den Ärzten das Kind im Krankenbett durch die Stadt, um auf ihre Not aufmerksam zu machen und Geld zu sammeln.

Auch heutzutage geht es beim Bettenrennen neben dem Spaß um eine Spendensammlung für wohltätige Zwecke. Aber es ist auch keine kleine sportliche Herausforderung für die Teams, die aus jeweils sechs Bettenschiebern und einem Passagier bestehen. Die Rennbetten sind nach ziemlich aufwendigen Kriterien herzustel-

Crazy: 2 Dirty: 2 Sporty: 2

len, sollen aber außerdem auch noch nach einem jährlich wechselnden Thema dekoriert werden. Denn neben den Rennwertungen für die schnellsten Betten gibt es noch viele weitere Kategorien, in denen ein Team Preise gewinnen kann, wie die schönste Dekoration und der größte Unterhaltungswert.

Dazu werden die Betten in einer Parade durch das Dorf zum Startplatz geschoben, wo sie dann, ihrer Dekoration beraubt, als schnittige, ultraleichte Rennbetten in den Wettkampf starten. Für die Produktion eines solchen Schlummerrenners sollte man den Umgang mit einem Schweißgerät schon beherrschen. Außerdem muss das gute Stück schwimmfähig sein und einen Passagier unverletzt zur Ziellinie transportieren. Da es eine Altersbeschränkung nach unten gibt (nicht jünger als zehn Jahre), werden als Rennvorteil gerne mal Zehnjährige transportiert.

Die Strecke auf trockenem Land führt etwa drei Kilometer über mittelalterliches Kopfsteinpflaster, steile Berge hinauf und hinab, durch enge Gassen und scharfe Kurven. Da braucht es einen mutigen und gut behelmten Passagier. Aktuell liegt der Streckenrekord für das Herrenteam bei ziemlich genau 14 Minuten, die Damen schaffen es in 16, die Junioren liegen meist so um die 18 Minuten.

Die Rekordteilnahme im Jahre 2008 lag bei 67 Teams, bis zu 20 000 Besucher zieht das Bettenrennen in die kleine Stadt.

Es sollte noch erwähnt werden, dass es fleißige Nachahmer speziell in Deutschland und der Schweiz gibt. Wer also an so einem Rennen teilnehmen möchte, aber den Weg nach England scheut, kann das auch in Friedrichsroda im Thüringer Wald oder in Fehraltorf in der Schweiz.

Fazit

Was denn noch? Sofawettfliegen? Schrankwandschlittenfahren? Canapékanufahren? Erst wenn das letzte Möbel auf der Rennstrecke verendet, werden wir merken, wie hart der Boden zum Schlafen ist.

Teilnahme

Die Bettenbauanleitung, Teilnahmebedingungen und Anmeldungen findet man auf der offiziellen Website.

Internet

www.knaresborough.co.uk/bedrace (Knaresborough)
www.bettenrennen.de (Friedrichsroda, Deutschland)
www.bettenrennen.ch (Fehraltorf, Schweiz)

Anreise

Knaresborough liegt etwa eine halbe Stunde mit Auto oder Bahn von York entfernt in östlicher Richtung oder etwa gleich weit von Leeds in Richtung Norden.

Fiesta de Colacho/Baby-Parcour

Castrillo de Murcia, Burgos, Spanien
Sonntag nach Fronleichnam

Nehmen wir einmal an, der durchschnittliche europäische Mann wiegt 80 Kilogramm. Springt dieser durchschnittliche Europäer in die Luft und kommt mit einem Bein wieder auf dem Boden auf, so muss man kein Mathematiker sein, um zu wissen, dass die Kraft beim Aufprall enorm ist. Also legt man besser nichts zwischen Fuß und Boden, was unter allen Umständen heil bleiben sollte.

Von der Mathematik zur Biologie: Bei allen Säugetierarten, also auch beim modernen Menschen, hat die Natur einen Schutzmechanismus entwickelt, der Säuglinge und kleine Kinder schützen soll: das sogenannte »Kindchenschema«. Es bezeichnet weiche, runde Proportionen bei Kindern, die beim Erwachsenen ein Fürsorgeverhalten auslösen.

So weit die Theorie, kommen wir nun zur Praxis: Im spanischen Castrillo de Murcia zeigt sich jedes Jahr aufs Neue, dass weder mathematisches Wissen noch biologische Reflexe gegen tradierte religiöse Rituale helfen. Seit 1621 überliefert, feiert man dort jährlich ein sehr seltsam anmutendes Fronleichnamsfest. Es gibt zwei Hauptfiguren: zum einen den Trommler »El Atabalero« und zum anderen »El Colacho«, der in einem rot-gelben Kostüm mit Maske und Peitsche das personifizierte Böse, also den Teufel höchstpersönlich darstellen soll. Am Vorabend vor Fronleichnam beginnt das Fest mit einem Gottesdienst und einer Prozession durchs Dorf, bei der »El Colacho« immer wieder ausbricht und vor allem Kinder und Jugendliche in die Flucht schlägt. Siebenmal täglich wiederholt sich diese Prozession bis zum Sonntag.

Und da wird es dann endgültig abenteuerlich: In den feierlich geschmückten Straßen bauen die Anwohner Altäre auf und legen frisch bezogene Matratzen auf die Straße. Auf diese Matratzen legen Eltern ihre Säuglinge, die im Vorjahr in Castrillo de Murcia oder den umliegenden Gemeinden geboren wurden. Die Prozession nähert sich erneut, »El Colacho« hat seine Maske abgelegt und springt mit Anlauf über die Matratzen, auf denen jeweils mehrere Säuglinge ihrem Schicksal harren.

Bis heute hat sich angeblich noch kein »Colacho« versprungen, aber ob dieses Ritual den Kindern wirklich wie erwünscht das Böse austreibt und sie von Krankheiten verschont, ist bislang auch noch nicht eindeutig festzustellen gewesen.

Organisiert wird das Ganze von der Erzbruderschaft der Minerva, deren Mitglieder, in lange schwarze Mäntel gekleidet, die Prozessionen ernst und würdevoll begleiten. Trotz allem Ernst und religiösem Überbau ist diese Fiesta aber auch ein ausgelassenes Volksfest. Das merkt man schon bei den Prozessionen. »El Atabalero« schlägt einen Takt mit seiner Trommel, »El Colacho« stimmt mit zwei Holzstücken ein und tanzt dabei auf und ab. Den größten Spaß haben aber die Kinder und Jugendlichen. Sie ärgern

»El Colacho« lautstark, bis er sie immer wieder aufs Neue mit seiner Peitsche drohend durch die Straßen jagt. Während der Prozessionen bleiben die 275 Einwohner von Castrillo de Murcia weitgehend unter sich. Zum Höhepunkt des Festes jedoch, also dem Sonntag nach Fronleichnam, füllt sich das kleine Dörfchen mit mehreren tausend Besuchern.

Fazit

Zu Risiken und Nebenwirkungen fragen Sie Ihren Arzt oder Apokalyptiker. Oder denken Sie einfach mal ganz kurz nach, bevor Sie Ihr Baby auf einer der Matratzen ablegen!

Teilnahme

Wer schon immer mal den Leibhaftigen persönlich reizen wollte, der besuche eine der unzähligen Prozessionen und beschimpfe »El Colacho« mit allem, was ihm so einfällt. Dieser dankt es dann mit einer kurzen und schmerzlosen Verfolgungsjagd. Aber auch als Zuschauer kann man hier seinen Spaß haben. Die Fiesta hat alles, was ein spanisches Volksfest zu einem ausgelassenen Vergnügen macht.
Nur als Säugling mit leichtsinnigen Eltern sollte man das Gebiet um Fronleichnam großräumig meiden.

Anreise

Castrillo de Murcia liegt 200 Kilometer nördlich von Madrid und 100 Kilometer südlich von Santander. Beide Städte verfügen über einen Flughafen, der von vielen Airlines angeflogen wird.

World Stinging Nettle Eating Challenge/ Weltmeisterschaften im Brennnessel-Essen

Marshwood, in der Nähe von Bridport, Dorset, England

Jedes Jahr am Samstag vor Mittsommer

Ein Magenkampf der ganz besonders üblen Sorte: Wer verspeist am meisten rohe Brennnesseln? Und wie bei jedem kleinen bis großen Blödsinn finden sich auch hier eine Menge Wettstreiter ein, um sich die Zunge zu verbrennen und den Magen zu verderben. Eigentlich gilt die Brennnessel als gute Grundlage für Tee und Salat und ist daneben noch ein hervorragender Vitamin-, Mineralstoff- und Spurenelementelieferant (Vitamin C, Provitamin A, Magnesium, Kalzium, Eisen), doch wird ihr vorher meist durch Kochen der Stachel gezogen.

Ideen wie diese sind im Regelfall britisch sowie entweder aus einer Wette oder einem Bierfass entsprungen, und so verhält es sich auch beim Brennnesselwettessen. Im uralten Pub »The Bottle Inn« wurde ursprünglich ein Wettkampf darum ausgetragen, wer die längste Brennnessel auf seinen Feldern hat. Ein besonders siegessicherer Teilnehmer bot an, sein Prachtexemplar zu verspeisen, wenn es jemand schaffe, ihn zu schlagen. Es wurde geschafft, und er verspeiste sein deklassiertes Gewächs. Danach aß er stets die Nessel des Gewinners, wenn er nicht selbst gewann.

Diese absurde Angewohnheit wurde 1997 schließlich öffentlich auf einem Sommerfest vorgeführt, wo jeder gefragt war, den Meister herauszufordern, und schnell wurden zahlreiche Mitkämpfer gefunden. Seitdem nennt sich das Ganze »World Stinging Nettle Eating Challenge« und findet von Jahr zu Jahr mehr Wettbewerber und mehr Medienaufmerksamkeit.

Fazit

Brennnesseln sind gesund, machen aber nicht klüger, wenn sie in Massen und mit viel Bier konsumiert werden. Nur für Menschen mit tauber Zunge und einer gehörigen Portion Selbstverachtung geeignet.

Internet

www.thebottleinn.co.uk/

Teilnahme

Einfach hinfahren und die Herausforderung annehmen!

Anreise

Marshwood liegt ca. 150 Kilometer südwestlich von London zwischen Bournemouth und Exeter.

Crazy: 3 Dirty: 0 Sporty: 0

Carrer del Agua/Wasserschlacht

Lanjaron, Granada, Spanien

Jedes Jahr in der Nacht vom 23. auf den 24. Juni

»Auch Wasser wird zum edlen Tropfen, mischt man es mit Malz und Hopfen!« Dieses altdeutsche Sprichwort ist scheinbar noch nicht bis nach Andalusien vorgedrungen. Denn hier, genauer gesagt in Lanjaron in der Provinz Granada, mischt man einmal im Jahr Wasser mit Schinken. Das gibt dann zwar keinen »edlen Tropfen«, aber dafür eine ziemlich abgefahrene Party.

Die Rede ist von der Fiesta del Agua y Jamon, die man in Lanjaron jedes Jahr anlässlich der Johannesnacht feiert – und die fünf Tage und fünf Nächte andauert. Das offizielle Programm reicht von einer Fahrrad-Rallye (Vegas de Granada) über Bogenschießwettbewerbe, Schinkenprobe, Motocross-Show, Pferdespektakel, Konzerte, Tanz, Partys, Messen, Prozessionen bis hin zum obligatorischen Feuerwerk. Ein ganz besonderes Highlight ist »La Publica«, ein Straßenumzug mit vielen lustigen Kostümen. Dieser findet traditionell an dem Samstag statt, der San Juan am nächsten liegt. Der absolute Höhepunkt des Wasser- und Schinkenfests ist aber der »Carrer del Agua« in der Nacht vom 23. auf den 24. Juni. Pünktlich um 0.00 Uhr signalisiert ein Böllerschuss in der Calle Principal den Start dieser gigantischen Wasserschlacht. Rund 10 000 Menschen bewerfen, übergießen, bespritzen, beschütten sich mit mehr als vier Millionen Liter Wasser. Man nutzt Eimer, Spritzen, Pumpen, Pistolen, Plastiktüten, Helme und was sich sonst noch so alles mit Wasser befüllen und im Kampfgetümmel einsetzen lässt. Genau nach einer Stunde, also um 1.00 Uhr, signalisiert dann ein zweiter Böllerschuss das Ende dieser Wasserorgie.

Umweltbesorgten Mitmenschen versichert der Gemeinderat des 4000 Einwohner zählenden Kurortes, dass sämtliches benutzte Wasser in Kanäle zur Bewässerung der örtlichen Landwirtschaft fließt. Doch eigentlich muss man hier ja auch nicht auf jeden einzelnen Tropfen achten: In Lanjaron wird das bekannteste Trinkwasser Spaniens abgefüllt, und wenn man in dieser kargen Gebirgsregion eins in Hülle und Fülle hat, dann ist das Wasser!

Eine weitere Wasserschlacht, die »Batalla Naval«, findet sich im Madrider Vorort Vallecas. Jedes Jahr am 20. Juli um 17.00 Uhr beginnt man dort mit dem Ruf »Agua, Agua, queremos Agua!« das feuchtfröhliche Ritual zu Ehren der Schutzpatronin »Virgen del Carmen«.

Fazit

Nach solch einem Vergnügen ist man garantiert mit allen Wassern gewaschen!

Teilnahme

Hinfahren, Eimer kaufen, mit Wasser füllen und mitschütten!

Anreise

Lanjaron liegt in der Gebirgsregion Alpujarras in der Provinz Granada in Südspanien. Die nächsten Flughäfen sind Malaga, Granada und Almeria. Von dort muss man den Bus oder einen Mietwagen nehmen.

Crazy: 2 Dirty: 0 Sporty: 1

The World Worm Charming Championship/ Weltmeisterschaft im Würmer-aus-dem-Boden-Locken

Willaston/Cheshire, England,
Willaston County Primary School
Jedes Jahr letzter Samstag im Juni

Es gibt in der Geschichte und Mythologie Tausende Erzählungen von Menschen, die sich um die Kommunikation mit Tieren bemühten und dabei Erfolg hatten. Homer erzählt von Orpheus, der die wilden Tiere mit seinem Gesang zähmte, Franz von Assisi predigte den Raben, Pinocchio unterhielt sich etwas hölzern mit einer Grille, und auch Rotkäppchen hatte keinerlei Verständigungsschwierigkeiten mit dem bösen Wolf, wenn sie auch etwas naiv in der Beurteilung seiner Ziele war.

Aber Würmer? Also der gemeine Regenwurm, Lumbricus terrestris, allgemein ein Synonym für Hirnlosigkeit und Mutprobenspeise einer jeden Kindheit?
Den Veranstaltern der »World Worm Charming Championship« scheint genau diese Hirnlosigkeit die Herausforderung zu sein, der sich der Mensch stellen sollte. Da der Erfinder

des Wettbewerbs gleichzeitig Leiter einer Grundschule war, hat er dieses Abenteuer in der Kommunikation zwischen den extremen Enden der Evolutionsleiter als Wohltätigkeitsveranstaltung in das örtliche Schulfest integriert.

Aber wie übersetzt man »Worm Charming« nun wohl am besten? Vielleicht mit »Würmer bezirzen« oder mit »Würmern schmeicheln«? Die hinreißend falsch geschriebenen Regeln auf Deutsch, die der Veranstalter auf seiner Webseite veröffentlicht hat, übersetzen es jedenfalls mit »Würmer locken«.

Seit mehr als 25 Jahren treffen sich im nordenglischen Willaston jährlich Hunderte von Menschen, um den Regenwurm tanzend, singend, springend, musizierend und auf alle denkbaren anderen Arten aus dem Erdreich zu locken. Der Rekord wurde 1980 von Tom Shufflebotham aufgestellt und steht bei sensationellen 511 Würmern in 30 Minuten. Ein Wurm-Heiliger?

Nach vielen Jahren des Experimentierens hat sich folgende Technik als besonders erfolgversprechend herausgestellt: Man stecke eine handelsübliche Gartenforke ca. 15 Zentimeter tief in die Erde und bringe sie mittels eines Holzstückes leicht zum Vibrieren. Musik, Tanz, Gesang, Gebet, Meditation oder Beschwörung sind dabei nur Beiwerk, aber wer weiß, was ein Wurm alles hören will, um aus seiner heimischen Krume zu kriechen und die Show zu genießen?

18 Regeln, die bereits in über 30 Sprachen, darunter auch Tibetisch und Ägyptisch, übersetzt wurden, sorgen für den ordnungsgemäßen Ablauf der Veranstaltung. Jeder Teilnehmer bekommt ein drei mal drei Meter großes Stück Land und darf 30 Minuten lang so gut er kann den Würmern schmeicheln. Gewinner ist, wer am meisten Würmer hervorlocken konnte. Ihm winkt eine Wurmtrophäe in Gold. Der dickste Wurm des Tages bringt seinem Charmeur immerhin noch eine Silbertrophäe.

Die Verwendung von »Drogen« ist übrigens nicht erlaubt (an den Würmern, die Teilnehmer sind wohl nicht gemeint), und selbst Wasser wird als Wurmdroge bezeichnet. Da die Veranstalter wissen, dass Körperkontakt mit dem Wurm bei einigen Teilnehmern unerwünscht ist, haben sie in Regel Nummer 11 festgelegt: »Teilnehmer, die Würmer nicht anfassen mögen, dürfen eine zweite Person zum Helfen haben. Diese Person soll Gillie genant werden.« Wer nun Angst um das Wohlbefinden des herbeigelockten Gewürms hat, der sei durch Regel 18 beruhigt: »Nachdem die Vögel abends schlafen, dürfen die Würmer wieder freigesetzt werden.«
Aber lesen Sie selbst:

Die offiziellen »deutschen« Regeln (inklusive der charmanten Schreibfehler)

WELT WÜRM CHARM MEISTERSCHAFT REGELN

1. Jeder Teilnehmer müss in einem 3 × 3 Meter Stuck Land arbeiten.
2. Jedes Stück Land wird bei Los gezogen.
3. Die Veranstaltung dauert 30 Minuten und fängt um 14 Uhr an.
4. Würmer dürfen nicht aus der Erde ausgegraben werden. Nur vibrieren darf gebraucht werden.
5. Drogen dürfen nicht gebraucht werden. Wasser wird als Droge bezeichnet.
6. Musik darf benutzt werden um die Würmer aus der Erde zu locken.
7. Eine Garten-Forke darf benützt werden und in die Erde

gesteckt werden und hin und her bewegt werden, um die Würmer aus der Erde zu locken.

8. Die Garten-Forke muss gut verpackt für die An und Rückreise zur Veranstaltung sein damit kein Unfall passiert. Keine Verletzungen bitte.
9. Jeder Teilnehmer muss seine Forke bei der Ankunft in sein Stück Land Stecken.
10. Eine Stück Holz glatt oder wellig darf benützt werden um die Garten-Forke zum Vibrieren zu bringen.
11. Teilnehmer die Würmer nicht anfassen mögen dürfen eine zweite Person zum helfen haben. Diese Person Soll ›Gillie‹ genannt werden.
12. Jeder Teilnehmer muss seine Würmer von seinem Stück Land abholen.
13. Würmer müssen vorsichtig behandelt werden und in feuchtem Torf und in einem geeigheten Gefäss abgeholt werden. Das Gefäss wird von der Organisation geslellt.
14. Eine Hand-Klingel wird 5 Minuten vor dem Start geklingelt.
15. Teilnehmer dürfen erst zu ihrem Stück Land gehen wenn sie dazu aufgefordert werden.
16. Der Teilnehmer der am meisten Würmer aus der Erde lockt ist der Gewinner.
17. Im Falle dass zwei Teilnehmer die gleiche Anzahl an Würmern aus der Erde gelockt haben dürfen die Zwei die Würmer noch 5 weitere Minuten aus der Erde locken.
18. Nachdem die Vogel abends schlafen dürfen alle Würmer freigesetzt werden.

(www.wormcharming.com/rules/German.pdf)

Fazit

Wann nimmt sich endlich Hollywood des dramatischen und wundervollen Stoffs an, eine Biographie über den Charmeur Tom Shufflebotham mit dem Titel »Der mit dem Wurm tanzt«? Diese Veranstaltung ist so daneben, dass der Spaß garantiert ist.

Internet

www.wormcharming.com

Teilnahme

Der Eintritt als Zuschauer kostet ein Pfund/ermäßigt 50 Pence. Die Gebühren für ein Teilnahmefeld von drei mal drei Meter belaufen sich auf drei Pfund.

Crazy: 3 Dirty: 1 Sporty: 1

Anreise

Willaston liegt neben der Ortschaft Nantwich, wo sich auch der nächste Bahnhof befindet. Internationale Flughäfen im Umkreis von weniger als 100 Kilometer befinden sich in Manchester, Liverpool und Birmingham.

Der besondere Tipp:

International Festival of Worm Charming/ Internationales Festival des Würmer-aus-dem-Boden-Lockens

Blackawton, Devon, England

Jedes Jahr am Sonntag vor dem ersten »Bank Holiday Monday« im Mai

Es ist skurril genug, eine Weltmeisterschaft im Worm Charming auszurichten, wie es in Willaston geschieht. Doch dann bekommt man mit dem »International Festival of Worm Charming« seit 1984 auch noch eine Konkurrenzveranstaltung angeboten, die sich in vielen Punkten von den strengen Regeln der WM unterscheidet. Der Spaßfaktor wird hier um einiges höher angelegt. Es ist nicht nur üblich, kostümiert zu erscheinen, man hat auch ganz andere Möglichkeiten, der Würmer habhaft zu werden. Denn während in Willaston schon der Einsatz von Wasser verboten ist, darf sich in Blackawton jeder eigene Zaubertränke herstellen, die die Würmer aus dem Boden locken sollen. Besonders empfohlen wird die Mischung aus Wasser, Knoblauch, Bier, Bratensoße und Zucker. Aber auch hier gibt es einen Haken: Das Gebräu muss vor dem Einsatz zum Beweis seiner Ungiftigkeit vom Charmeur selbst eingenommen werden.

Trotz dieses erweiterten Arsenals ist auch hier das »twanging«, die vibrierende Gartenforke, ein gern genutztes Mittel. Aber auch die tibetische Gebetstrommel wurde schon eingesetzt (erfolglos …) und unzählige weitere Möglichkeiten, um das Geräusch

von Regen zu simulieren, das die Würmer angeblich aus dem Boden treibt.
Bei unserer Teilnahme im Jahr 2008 benutzten wir eine Mischung aus Senfmehl und Wasser und lagen mit 27 hervorgelockten Würmern ziemlich genau im Mittelfeld. Erreicht haben wir dieses doch recht beachtliche Ergebnis übrigens mit Hilfe einer Forke, einem Laserschwert, Spielzeughühnern, die auf und ab springen können, und einem Vibrator mit Batteriebetrieb.
Die zu bearbeitende Fläche pro Team ist etwa ein Quadratmeter groß, und nach einer fünfminütigen »worming up«-Phase (in der kein Wurm gefangen oder gegessen werden darf) hat man 15 Minuten Zeit, der Beute habhaft zu werden.
Bis 11.00 Uhr müssen sich alle Teams vor Ort angemeldet haben. Das Feld, auf dem der Wurm umschmeichelt werden soll, wird bis kurz vor Wettbewerbsbeginn um 12.00 Uhr geheim gehalten. Dass es sich aber jedes Jahr um das gleiche »geheime« Feld handelt, zeigt den eigentlichen Zweck der Veranstaltung: Spaß haben!
Beim »International Festival of Worm Charming« kann man grundsätzlich nur als Dreier-Team antreten, bestehend aus Catcher, Charmer und Counter. Allerdings nimmt die Aufgabenverteilung hier keiner wirklich ernst. Und das ist vielleicht der größte Unterschied zu Willaston: In Blackawton nimmt keiner irgendetwas wirklich ernst.
Angefangen hat das »International Worm Charming Festival« im Jahre 1984. Die Legende besagt, dass Dave Kaland mit Freunden im Pub saß und sie zusammen überlegten, wie man ein bisschen Leben nach Blackawton bringen könnte. Als Dave beim nächtlichen Heimweg in einen Garten urinierte und daraufhin zwei Würmer aus der Erde geschossen kamen (wahrscheinlich, um einer Alkoholvergiftung zu entgehen), war die Idee geboren.

Mittlerweile kommen jedes Jahr Tausende von Zuschauern und Teilnehmer in das kleine verschlafene Dörfchen in Devon.
Im Jahr 2008 zählten die Organisatoren mehr als 3000 Zuschauer und genau 100 teilnehmende Teams. Und da alles einem karitativen Zweck zugutekommt, hilft das ganze Dorf mit.
Nach dem Wettbewerb zieht die ganze Gesellschaft zurück ins Dorf, um beim gemeinsamen »worming down« das parallel stattfindende Bierfestival mit Live-Musik im Garten zu genießen.
Hier sei noch besonders auf die Auktion am Vorabend des Festivals hingewiesen: Wer schon immer mal einen Titel besitzen wollte, sollte an diesem Abend ins »George Inn« nach Blackawton kommen. Hier wird kräftig gefeiert, und nach einer zünftigen Dartmeisterschaft kommen einige Titel wie »Lord of the Manner«, »Earl of Blackawton« oder »Duchess of Blackawton« für ein Jahr zur Versteigerung. Doch nur ein Titel geht meist nicht unter 40 Pfund weg: der des »Village Idiot« von Blackawton.
Aber auch alle, die sich nur einen Tag für dieses ganz besondere Dorffest Zeit nehmen wollen, kommen früher oder später auf ein Pint zum »George Inn«.

Fazit

Besonders geeignet für Wurmlockamateure, Kostümliebhaber, Nicht-So-Ernst-Nehmer, Team-Gläubige, Willaston-Hasser und Biertrinker.

Teilnahme

Gestartet wird in einer Kategorie für die unter 12-Jährigen und einer Kategorie für alle Teilnehmer, die 12 Jahre oder älter sind. Der Wettbewerb startet um 12.00 Uhr. Anmeldung bis 11.00 Uhr vor Ort: Normandy Arms, Blackawton, Totnes, Devon.

Anreise

Blackawton liegt in der Grafschaft Devon zwischen den Ortschaften Totnes und Kingsbridge. Der nächste Bahnhof befindet sich in Totnes und der nächste Flughafen in Plymouth. Von Deutschland fliegt man am einfachsten nach Bristol und nimmt dort Mietwagen oder Zug.

Crazy: 3 Dirty: 1 Sporty: 1

World Egg Throwing Championship/ Weltmeisterschaft im Eierwerfen

Swaton, Lincolnshire, England

Jedes Jahr am letzten Sonntag im Juni

Die Philosophen fragten sich ziemlich lange, ob Henne oder Ei zuerst da war. Den Sportwerfern bei den Weltmeisterschaften im Eierwerfen war wohl schnell klar, dass man ein Ei besser werfen kann als eine Henne und das Ei immer zuerst da sein wird. Und so verteilen sie alljährlich den Inhalt ungezählter roher und einiger gekochter Eier über das Meisterschaftsgelände im ostenglischen Swaton, freiwillige Zielpersonen und oft genug über sich selbst. Die Hennen lassen sie in Ruhe.

Es gibt verschiedene Disziplinen, bei denen ein Eierathlet antreten und vollgesaut werden kann. Der Klassiker ist das Eierwerfen und -fangen: Ein Team aus zwei Sportlern wirft sich ein rohes Ei zu und fängt es auf. Nach jedem Wurf wird die Distanz zwischen den beiden vergrößert. Wer am Ende die weiteste Distanz ohne Bruch geworfen hat, gewinnt. Der Weltrekord liegt seit 1978 ungebrochen bei 98,51 Metern, geworfen aber nicht in Swaton, sondern in Texas von Johnie Dell Foley zu seinem Cousin Keith Thomas.

Eine weitere Disziplin ist die Statische Eierstaffel: Ein elfköpfiges Team wird auf einer Strecke von hundert Metern an festgelegten Standpunkten aufgestellt. Von diesem Punkt dürfen sich die Teilnehmer nicht mehr als fünf Meter entfernen. Nun gilt es, ein Dutzend rohe Eier so schnell wie möglich vom ersten zum letzten Sportler ohne Bruch durchzureichen. Für ein zerbrochenes Ei gibt es drei Sekunden Zeitstrafe.

Beim Eierweitwurf ist es dagegen egal, ob das Ei zerbricht, Hauptsache, es hat so weit wie möglich vom Werfer entfernt seine Schalensplitter und Innereien verspritzt.

Und dann sind da noch die weniger netten Wettkämpfe: Russisches Eierroulette etwa, wo zwei Spieler an einem Tisch sitzen und sechs Eier vor sich haben. Davon sind fünf gekocht, eins ist roh. Nun greifen sie sich nacheinander ein Ei und hauen es sich gegen die Stirn. Wer das rohe Ei erwischt, hat verloren und kann sich erst mal die Haare waschen gehen.

Das Eierzielwerfen gestattet es, reale Personen mit rohen Eiern auf etwa acht Meter Abstand zu bewerfen. Es werden Punkte je nach getroffenem Körperteil vergeben, vier Eier hat man zur Verfügung.

Endgültig in Richtung Ei-genartig geht der im Jahr 2008 erstmals ausgerichtete Wettkampf »Eguchet«: Mit der mittelalterlichen Schleudermaschine Trebuchet soll ein Ei so genau wie möglich auf eine Zielperson/Fänger geschleudert werden. Nach dem Abschuss darf der sich in Richtung des fliegenden Eis bewegen. Auch hier gibt es Punkte für einen Treffer und Sonderpunkte für das Fangen ohne Bruch. Wie man eine Trebuchet baut und wie groß das Gerät sein darf, wird auf der Webseite der Welt-Föderation der Eierwerfer in lustigen Videos dargestellt.

Bei allen Veranstaltungen gilt: Eier und Schutzkleidung werden gestellt, die Eier werden sämtlich von glücklichen Freilandhennen geliefert. Der Wettbewerb wird im Rahmen des Swaton Vintage Day veranstaltet, an dem auch ein Treffen von Veteranenfahrzeugen stattfindet sowie ein Terrierrennen, Essen und Trinken, Karussellfahren und so weiter.

Fazit

Ei-ne relativ harmlose Sauer-ei, bestens auch für Kinder ge-ei-gnet.

Teilnahme

Mannschaften und Ei-nzelkämpfer können sich unter www.eggthrowing.org anmelden.

Internet

www.eggthrowing.org
www.swatonvintageday.sslpowered.com

Anreise

Der Swaton Vintage Day findet in der Nähe der Ortschaft Swaton in der Grafschaft Lincolnshire statt. Der nächstgelegene Flughafen ist Nottingham und kann von Frankfurt, Brüssel, Wien und Zürich angeflogen werden. Die Veranstaltung findet man zwischen Helpringham und Swaton an der B1394.

Prutmarathon/Schlammmarathon

Oudendijk, Noord Holland, Niederlande

Jedes Jahr Ende Juni

Der Prutmarathon in Holland ist genau genommen nur ein Marathönchen. Ganze 4,2 Kilometer hat der Teilnehmer zu schaffen, gerade ein Zehntel des Originals. Aber dafür muss der Läufer auch ein dreckresistenter Schwimmer sein, denn auf der Strecke sind 45 Gräben zu überwinden, also einer alle hundert Meter.

Zum Holland-Klischee zählen neben Tulpen und Käse ja vor allem die Windmühlen. Die wurden aber nicht gebaut, um Korn zu mahlen, sondern um Wasser aus dem Land zu pumpen, das zu großen Teilen unter dem Meeresspiegel liegt. Und um das Wasser zum Meer zu bringen, wurden speziell nördlich von Amsterdam riesige Mengen von Gräben gezogen, die das Wasser konstant zum Meer zurückleiten sollen. So sind die Gräben immer schön mit schlammiger Brühe gefüllt und haben zudem oft eine recht steile Ein- und Ausstiegswand. Und da sind dann 4,2 Kilometer schon eine ganz andere Ansage an die Kondition.

Seit über dreißig Jahren findet dieser Grabenkampf statt, organisiert von den Betreibern des Gasthauses »Les Deux Ponts« in Oudendijk. Bis zu 250 waghalsige und schmutzabweisende Sportler stürzen sich dann plätschernd und prustend durch die Landschaft ohne jede Hoffnung auf größere Belohnung außer einem Fähnchen als Erinnerung und der Ehre, eventuell zu gewinnen. Die richtig Guten schaffen den Parcours in etwas über 20 Minuten, die echten Genießer, die unterwegs noch eine extra Schlammpackung mitnehmen, können auch mal fast zwei Stunden unterwegs sein.

Eine ähnliche Veranstaltung unter demselben Namen findet im wenige Kilometer entfernten Schermerhorn statt. Dort ist die Strecke zwar noch kürzer (1,2 Kilometer), muss dafür aber dreimal gelaufen werden. Hier gibt es auch einen Mannschaftswettbewerb mit Gummiboot, in dem ein bevorzugt weibliches Mannschaftsmitglied über jeden der Gräben gebracht werden muss. Allerdings sollten willige Teilnehmer die holländische Sprache kennen, um sich einschreiben zu können. Das ist in Oudendijk nicht so wichtig, denn dort kann man sich am Tag der Veranstaltung vor Ort anmelden.

Fazit

Unter dem Meer ist es nur fair, dass man ein bisschen nass wird. Das wahre Wunder ist das feste Land zwischen den Gräben, das man so wieder zu würdigen lernt.

Internet

Für Oudendijk: www.lesdeuxponts.nl/indexx.htm
Für Schermerhorn: www.prutmarathon.nl

Teilnahme

Oudendijk: Am Tag des Wettkampfes ab 12.30 Uhr Einschreibung, fünf Euro pro Teilnehmer.

Crazy: 2 Dirty: 3 Sporty: 3

Anreise

Oudendijk liegt etwa 50 Kilometer nördlich von Amsterdam.
Mit dem Auto: von Amsterdam auf der A7 bis Abfahrt Avenhorn, dann in Gegenrichtung auf der N247 (Provincialeweg), am Dorpsweg nach rechts bis Oudendijk.

Juli

Wife Carrying World Championships/ Weltmeisterschaft im Frauentragen

Sonkajärvi, Finnland

Jedes Jahr am ersten Samstag im Juli

Für diese Veranstaltung benötigen Sie eine Frau! Dabei ist es vollkommen egal, ob es sich um Ihre eigene, die Ihres Nachbarn oder irgendeine andere weibliche Person handelt. Allerdings muss sie mindestens 17 Jahre alt sein und mehr als 49 Kilogramm wiegen.

Sollten Sie selbst eine Frau sein, so haben Sie bei diesem Wettbewerb eine Rolle, die sich nicht ganz so anstrengend gestaltet wie die des Mannes. Aber den richtigen Griff zu haben und nicht abzustürzen, will trainiert sein, zudem nur ein Gürtel als Haltegriff erlaubt ist. Wichtig ist vor allem die Harmonie zwischen Träger und Getragener, weswegen gut eingespielte Ehepaare einen Vorteil haben.

Eine harte Sportlernatur und Humor sollten Ihnen allerdings ungefähr zu gleichen Teilen gegeben sein. Man kann die Frau traditionell Huckepack, über die Schulter geworfen, kopfunter auf dem Rücken und den Beinen um den Hals oder auch in einer selbst entwickelten Technik tragen.

Die Meisterschaft im Frauentragen geht auf einen finnischen Räuberhauptmann namens Rosvo-Ronkainen Ende des 18. Jahrhundert zurück, der von potenziellen Mitgliedern seiner Horde einen praktischen Eignungstest verlangte. Da der Frauenraub aus benachbarten Dörfern nicht ungewöhnlich war, schickte er die Kandidaten auf den harten Parcours durch die lokale Wälder- und Seenlandschaft.

Die heutige Strecke ist exakt 253,5 Meter lang. Auf ihr befinden sich zwei Hürden und ein Wassergraben (ein Meter tief, bei der Kopfunter-Methode wird die Gattin also kurz abtauchen), die Oberfläche besteht teilweise aus Kies, teilweise aus Rasen und teilweise aus Sand. Sollte man seine Frau mal fallen lassen, kassiert man lediglich 15 Strafsekunden.

Dem schnellsten Frauenträger winkt als Hauptpreis das Gewicht der Frau in Bier, ein schicker Pokal für den heimischen Kamin und diverse Frauenkosmetika für die Partnerin. Der bisherige Rekord liegt übrigens bei 55 Sekunden.

Es gibt aber neben dem traditionellen Parcours auch noch einen Sprintwettbewerb über 100 Meter sowie einen Teamwettbewerb. In Letzterem teilen sich drei Männer den Parcours und übergeben die Frau wie einen Staffelstab. Allerdings müssen sie bei der Übergabe auch das »offizielle Frauentragegetränk« zu sich nehmen, über dessen Inhalt sich der Veranstalter ausschweigt. Wichtig ist beim Teamwettbewerb auch die Kostümierung, die in die Wertung mit einfließt.

Rund um die Veranstaltung gibt es noch zwei Tage Tanz und Markt und generelles Feiern, wie es nur die Finnen hinbekommen. 2007 zog das Spektakel mehr als 8000 Zuschauer an. Die finnische Tourismus-Vereinigung hat die Veranstaltung dazu auserkoren, Werbung im Ausland für den finnischen Tourismus zu machen.

Fazit

Extremsport und Humor liegen hier so dicht beieinander wie ein liebendes Ehepaar, aber erst die realen Wurzeln von Brigantentum und Frauenraub sowie die offensichtlich zentrale Rolle von Alkohol machen die Veranstaltung typisch finnisch.

Crazy: 2 Dirty: 1 Sporty: 3

Internet

www.sonkajarvi.fi/?deptid=15136
Anmeldung unter www.sonkajarvi.fi/?deptid=15143

Teilnahme

Alles, was man zur Teilnahme bei den »Wife Carrying World Championships« braucht, sind eine Frau, eine gute Kondition und 50 Euro Startgebühr. Für den Sprint werden 20 Euro fällig, ein Team zahlt 111 Euro.

Anreise

Sonkajärvi liegt in Ostfinnland, im berühmten finnischen Seengebiet bei Iisalmi, zwischen Kajaani und Kuopio, wo sich auch der nächste internationale Flughafen befindet. Von dort sind es mit dem Bus oder dem Auto noch mal eine Stunde bis Sonkajärvi. Von Helsinki gibt es täglich mehrere Züge und Busse, die nach Iisalmi fahren. Die Reisezeit beträgt mit dem Zug ca. fünf bis sechs Stunden, mit dem Bus ca. acht Stunden.

International Bognor Birdman/ Mit Spaß ins Nass!

Bognor Regis, England

Jedes Jahr Anfang Juli

Spätestens seit Darwin wissen wir: Biologisch gesehen ist der Mensch ein Säugetier und kein Vogel und kann definitiv nicht fliegen. Seit Otto Lilienthal wissen wir aber auch, dass diese Tatsache uns völlig egal sein kann, denn es gibt ja technische Mittel und Wege, sich über die Häupter der Mitmenschen zu erheben. Da wir aber drittens seit Newton wissen, dass die Schwerkraft nur schwer zu überlisten ist, bleibt der Schwebezustand nie von Dauer, runter kommt man immer …

Seit dreißig Jahren treffen sich in dem kleinen Örtchen Bognor Regis an der englischen Küste bis zu 30 000 Menschen, die sich diese Tatsachen praktisch vor Augen führen. Mittels einer Rampe am Pier starten die Teilnehmer unter tobendem Applaus Flugversuche, die alle über kurz oder lang zum Scheitern verurteilt sind und im Meer enden. Aber genau das, wie auch die obligatorischen Verkleidungen der Teilnehmer, begründen den Spaßfaktor für die Zuschauer. So sieht man Mary Poppins, Superwoman, Peter Pan oder den berüchtigten »Naked John« – der sein Glück jedes Jahr von Neuem herausfordert – sowie Donald Duck, den Papst und eine Kuh auf einem Skateboard den Gesetzen der Gravitation trotzen. Den Ideen, die Menschenmenge mit spektakulären, jedoch zum Scheitern verurteilten Flugversuchen zu begeistern, sind keine Grenzen gesetzt. Selbst der Anti-Star des internationalen Skispringer-Zirkus Eddie The Eagle wagte 1989 einen Flug, der ihn nach satten elf Metern in den Ärmelkanal donnerte.

Der Streckenrekord liegt seit 1992 bei 89,2 Metern, und das Preisgeld für den Gewinner kann bis zu 30 000 Pfund betragen (musste aber bisher noch nie ausbezahlt werden). Sponsoren gibt es wegen der internationalen Medienaufmerksamkeit in Massen, und es sollte niemand wundern, dass der flugverrückte Sir Richard Branson einer davon ist.
Während die meisten Teilnehmer sich auf den Spaß beschränken und die Teilnahme mit einer Wohltätigkeitsspende verbinden, basteln und tüfteln andere an Fluggeräten, die es schaffen sollen, 100 Meter in der Luft zu bleiben. Oft sind es Profis, die sich die Pokale für die weitesten Flüge mit nach Hause nehmen. Daher sollte jeder, der sich um des Geldes willen von der Pier stürzen will, ein paar Jahre Drachenflugerfahrung unter dem Helm haben. Zudem wird der Jackpot nur ausbezahlt, wenn man es zwei Tage hintereinander schafft, 100 Meter oder weiter zu fliegen, was bisher noch keinem gelang. So bleibt der Gedanke von Spaß und Ehrenpreis im Vordergrund. Auch hier haben sich die Veranstalter was einfallen lassen: Einen speziellen Preis erhält jeder, der weiter fliegen kann, als ein Weitspringer ohne Fluggerät springen kann.

Fazit

Typisch englisch, eher mild exzentrisch als komplett verrückt! Und außerdem für einen guten Zweck.

Internet

www.birdman.org.uk

Teilnahme

Grundsätzlich kann man beim Birdman in drei verschiedenen Klassen antreten: der Leonardo-da-Vinci-Klasse mit selbstgebauten Fluggeräten, der Condor-Klasse mit modifizierten Hängegleitern oder Flugdrachen und in der Kingfisher-Klasse, sozusagen der »Blödelklasse«. Anmeldegebühren betragen 50 Pfund für eine Person, 75 Pfund für zwei Personen und 250 Pfund für Firmen. Anmeldungen müssen bis zum ersten Mai eingegangen sein. Für alle aktiven Teilnehmer findet am Freitagabend vor der Veranstaltung ein kostenloses Begrüßungsfest statt.

Anreise

Bognor Regis hat einen eigenen Bahnhof und liegt ca. 50 Kilometer westlich der Stadt Brighton direkt am Meer. Der Londoner Flughafen Heathrow ist ungefähr 100 Kilometer, London Stansted ca. 200 Kilometer entfernt.

Crazy: 2 Dirty: 1 Sporty: 1

Bog Triathlon/Moortriathlon

Llanwrtyd/Powys, Mid Wales
Erstes Wochenende im Juli

Bog Snorkelling Championship/ Weltmeisterschaft im Moorschnorcheln

Llanwrtyd/Powys, Mid Wales
Jedes Jahr am »Bank Holiday«-Montag im August

In Wales muss man sich auf ein paar mehr Dinge gefasst machen als auf Männerchöre und Druidenrituale. Die Sprache ist ein Drama, daher kann nur ein Waliser wissen, wie man den Ortsnamen Llanwrtyd Wells überhaupt ausspricht. Und in diesem beschaulichen Örtchen, dem selbsternannten »Heimlichen Herzen von Wales«, wurde das Sumpfschnorcheln erfunden.
Wäre diese Sportart ein paar Jahrhunderte früher entwickelt worden, so hätten wir wohl wesentlich weniger Moorleichen aus dem Torf gezogen. Die Idee ist ebenso verrückt wie lustig: In einem 55 Meter langen Graben mitten im walisischen Hochmoor müssen die Wettkämpfer einmal hin und zurück schwimmen, jedoch ohne einen konventionellen Schwimmstil einzusetzen. Erlaubt sind Schnorchel, Taucherbrille und Flossen, wegen der eisigen Wassertemperatur und ein paar Millionen hocherfreuter Mücken wird aber gleich der komplette Taucheranzug empfohlen. Wer sich überhaupt dazu bringen kann, in die eklig stinkende Brühe zu steigen, hat schon einen Achtungserfolg für Selbstüberwin-

dung errungen. Und siehe da, gleich bis zu hundert Teilnehmer werfen sich jedes Jahr in die braune Brühe, paddeln und planschen und prusten sich durch trübes, faulig stinkendes Sumpfbrackwasser, nur um dabeigewesen zu sein. Hier wird der olympische Gedanke gleichzeitig hochgehalten und in den Dreck gezogen. Der Profischwimmer Phillip John hat 2007 den bisherigen Rekord von 1 Minute 35 Sekunden aufgestellt, die langsamste Teilnehmerin war eine 70-jährige Engländerin, die fünf Minuten im Graben verbrachte.

Wegen des großen Erfolges sind die Einwohner von Llanwrtyd Wells noch einen Schritt weiter gegangen: Wer wirklich der Trumpf im Sumpf sein will, sollte am Bog Triathlon teilnehmen! Da gilt es nämlich, zum Aufwärmen erst mal zwölf Meilen durch die schlammige Landschaft zu rennen, dann den Graben wie oben beschrieben zweimal zu durchqueren und schließlich mit einem Mountainbike weitere 19 Meilen durch den Matsch zu pflügen. Der Gewinner darf sich dann stolz »World Champion Bog Snorkelling Triathlete« nennen.

Um das Maß der sportlichen Abseitigkeit endgültig voll zu machen, wird in Llanwrtyd Wells ebenfalls jährlich einmal der »Mensch gegen Pferd Marathon« ausgetragen, den wir an anderer Stelle (Seite 37) bereits beschrieben haben.

Fazit

Die Sumpfgase, in denen die Bewohner von Llanwrtyd Wells ihr Leben lang atmen müssen, haben wohl Wirkung gezeigt. Sie feiern ihre Stadt als Tor zum Moor und laden die ganze Welt zum Schlammbad ein.

Internet

www.green-events.co.uk

Teilnahme

Die Anmeldung kostet zwölf Pfund. Bitte einen an sich selbst adressierten und frankierten Rückumschlag beilegen. Am Tag des Wettkampfes muss man sich nochmals vor Ort registrieren lassen. Der Zeitpunkt der Registrierung entscheidet über die Startnummer.

Anmeldung

www.worldbogsnork.com/EntryForm.aspx

Anreise

Das kleine Städtchen Llanwrtyd liegt ca. 100 Kilometer südwestlich von Birmingham, wo sich auch der nächste internationale Flughafen befindet.

Crazy: 3 Dirty: 3 Sporty: 2

Bous a la Mar!/Kühe ins Meer!

Denia, Spanien

Jedes Jahr im Juli

»Denia, tu sabes vivir! Denia, du verstehst zu leben!«
So lautet der Slogan des Fremdenverkehrsamtes von Denia. Ein Spruch, der aber nur für Menschen gilt. Als Stier sollte man diese Gegend (und so viele andere spanische Orte) doch eher meiden.
Aber immerhin ist »Bous a la mar« einer der wenigen spanischen Stierkämpfe, bei denen es recht unblutig zugeht. Bei der wohl wichtigsten Fiesta von Denia wird einmal im Jahr am Hafenbecken eine große, rechteckige, zum Wasser hin offene Arena aufgebaut. Danach treibt man junge Stiere die Prachtallee Marques de Campo hinunter. In der Arena treffen sie dann auf vorwiegend hormon- und alkoholgetränkte junge Männer, die bei dieser Gelegenheit ihren Mut unter Beweis stellen möchten.
Doch wie das mit dem Mut so ist, verlässt er die meisten, wenn sie dem Stier und damit der Gefahr ins Auge sehen. Anstatt dem gehörnten Rind offen gegenüberzutreten, um dann rechtzeitig ins Hafenbecken zu springen oder sich hinter eine der Absperrungen zu flüchten, bleiben viele direkt hinter der Absperrung und bewerfen den Stier mit leeren Bierdosen oder schleudern ihm Sand in die Augen. So viel zum Mut!
Das erklärte Ziel der Teilnehmer ist es, den Stier so zu reizen, dass er in rasender Wut den wenigen wirklich Mutigen ins Wasser folgt. Doch das ist in den Augen der Tierschützer reinste Quälerei, würde doch kein Stier jemals freiwillig auf die Idee kommen, zur Abkühlung oder warum auch immer ins Meer zu springen.
Die Veranstalter rechtfertigen sich damit, dass bei »Bous a la mar«

Verletzungen ausschließlich bei den Menschen und nicht bei den Stieren zu finden sind. Außerdem sagt man in Denia, es sei der »erfrischendste« Stierkampf in ganz Spanien.

»Bous a la mar« hat, wie so viele spanische Fiestas, eine sehr lange Tradition. Seit 1926 treibt man im Rahmen des Patronatsfestes »Santisima Sangra« alljährlich Stiere ins Meer. Und obwohl Denia laut Guinnessbuch der Rekorde die spanische Stadt mit den meisten Festen sein soll, ist »Santisima Sangra« mit Sicherheit eines der schönsten. Man feiert eine ganze Woche lang mit unzähligen Konzerten, Theater, Tanz, Wettbewerben, Umzügen, Rummelplatz, Party, sehr viel Alkohol und ebendem täglichen »Bous a la mar«.

Auch in Benicarlo, in der Provinz Castellon, treibt man im Rahmen der jährlichen »Feria« junge Stiere ins Meer.

Unser Tipp

Es gibt bestimmt Millionen anderer Wege, seinen Mut unter Beweis zu stellen, als einen Stier ins Meer treiben zu wollen. Sollten Sie trotzdem dem archaischen Reiz dieser Veranstaltung verfallen, so trinken Sie bei aktiver Teilnahme unter keinen Umständen Alkohol. Auch ein junger Stier hat unbändige Kraft und zwei ziemlich spitze Hörner!

Fazit

Meer Stier geht nicht!

Internet

www.denia.net/ge/seccion/fiestas/index.asp

Teilnahme

Ein Zuschauersitzplatz in der Arena kostet fünf Euro Eintritt. Zum Mitkämpfen müssen Sie einfach in die Arena laufen.

Anreise

Denia liegt ca. 100 Kilometer südlich von Valencia im Norden der Costa Blanca. Über die Autobahn erreicht man die beiden Flughäfen Alicante und Valencia. Von Denia aus verkehren Fähren zu den balearischen Inseln Ibiza und Mallorca. Die Bahnlinie L9 der FGV verbindet Denia mit Alicante.

Encierro/Stierlauf

Pamplona, Baskenland, Spanien
(und in vielen anderen spanischen Orten)
Jedes Jahr vom 6. bis 14. Juli

Ein männliches Hausrind, auch Stier genannt, bringt durchschnittlich 550 bis 700 Kilogramm auf die Waage. Dies und die Tatsache, dass die behörnten Vierbeiner sich leicht reizen lassen, erklärt, warum Stiere kein spontanes »Och, ist der süß!« oder »Darf ich den mal streicheln?« aus uns herauslocken. Auch käme ein Nordeuropäer niemals von allein auf die Idee, mit Stieren zu spielen. Wir denken darüber hier oben eher pragmatisch: Stiere sind Lebensmittel, und mit Essen spielt man nicht. Punkt.

Dass die Spanier das anders sehen, ist wohlbekannt. Und ebenfalls wohlbekannt ist spätestens seit Hemingway auch Spaniens berühmtester Stierlauf, der »Encierro« in Pamplona.

Einmal im Jahr feiern die Einwohner von Pamplona eine Woche lang eine riesengroße Party: Sanfermin. Und eine Woche heißt hier tatsächlich eine Woche rund um die Uhr Konzerte, Partys, Ausstellungen, Sportwettkämpfe, Rummelplatz, Feuerwerk, Prozession und jeden Morgen »Encierro«. Spätestens an dieser Stelle sollte man aber den nett gemeinten Rat auf der offiziellen Homepage noch mal überdenken: »Wo du hinkommst, mach, was du siehst!«

Morgens, um kurz vor 8.00 Uhr, stehen unzählige Stiertreiber in der Cuesta de Santo Domingo und singen dreimal »Möge unser Patron San Fermín uns leiten auf des Encierros Wegen und uns geben seinen Segen«. Kurz darauf hört man den ersten von drei Böllerschüssen, und die Türen des Stiergatters öffnen sich. Beim zweiten Böllerschuss haben alle Tiere das Gehege verlassen, und beim dritten sind dann alle Stiere in der Arena angekommen. Doch bis dahin sind drei unvorstellbare Minuten vergangen. Minuten voll von Adrenalin, Schweiß, Panik, Tapferkeit, Angst, Schrecken und Stolz. Mit einer Geschwindigkeit von ca. 25 Kilometern pro Stunde rast die Herde die 825 Meter lange Strecke durch die Straßen der Altstadt bis in die Stierkampfarena. Davor, daneben und mittendrin die Läufer, die sich und ihren Mut unter Beweis stellen wollen. Jedes Jahr gibt es einige Verletzte und manchmal leider auch Tote.

Ansonsten ist Sanfermin tatsächlich ein Fest zum Mitmachen. Regeln existieren in dieser Woche fast keine, und jeder Gast ist aufgerufen, zu einem Einwohner Pamplonas zu werden, indem er sich traditionell weiß kleidet und mit einer roten Schärpe und einem roten Halstuch schmückt.

Jährlich wiederkehrend, versammeln sich am 6. Juli in dichtem Gedränge Abertausende Festgäste am Rathaus von Pamplona. Mit einem Böllerschuss, unvorstellbarem Jubel und dem Spruch »Viva San Fermín, Gora San Fermín« startet um Punkt 12.00 Uhr eine der heftigsten Partys Europas. Der Cava fließt in Strömen, wobei es der Brauch verlangt, nur die Hälfte des Glases zu trinken und die andere Hälfte auf die umstehenden Menschen zu verteilen.

Begraben wird Sanfermin eine Woche später am gleichen Platz von abermals Tausenden von Gästen, die unter Tränen singen:

»Pobre de mí, pobre de mí, se han acabado las fiestas de Sanfermín.« (Ach ich Armer, ach ich Armer, das Fest von Sanfermin ist vorbei!)

Ein tief emotionales und absolut unvergessliches Erlebnis.

Doch was den »Encierro« (zu Deutsch »Einschluss«, weil die Straßen mit Holzbarrieren abgeriegelt werden) angeht: Tradition hin oder her, Fakt ist, dass man die Tiere beim Stierlauf großer Angst, Panik und Schmerzen aussetzt, um sie dann abends in der Arena vom Matador töten zu lassen.

Unser Tipp

Sanfermin ist klasse, aber man sollte sich wirklich gut überlegen, ob man am »Encierro« teilnimmt. Es ist und bleibt sehr gefährlich. Wer es sich nicht verkneifen kann, sollte auf alle Fälle nüchtern und in geeigneter Kleidung antreten. Die meisten Verletzten gibt es unter denen, die die Nacht zuvor durchzechen und dann morgens mitlaufen. Erfahrene Läufer bedienen sich einer zusammengerollten Zeitung, um den Stier auf Abstand zu halten und ihn am Hals in Richtung Arena zu lenken.

Fazit

Ein schlauer Fuchs, wer vor dem wilden Stier nicht den tollen Hecht markiert!

Internet

www.sanfermin.com

Anreise

Pamplona liegt 80 Kilometer südlich der Stadt San Sebastian, mitten im Baskenland. Es verfügt über einen eigenen Bahnhof. Der nächste internationale Flughafen befindet sich in San Sebastian.

Stierlauf gibt's jährlich in:

San Sebastian de los Reyes (Madrid)
Guadalajara
Ampuero (Kantabrien)
Cintruenigo (Navarra)
Calatayud (Zaragoza)
Villareal (Castellon)
Pucol (Valencia)
Cuellar (Segoria)
Vall d'Uixo (Valencia)
Albuixech (Valencia)
Mosqueruela (Teruel)
Albalat (Castellon)
Calasparra (Murcia)
Trillo (Guadalajara)
Zaida de Cella (Teruel)
Buriana (Valencia)
Medina del Campo (Valladolid)
… und in unzähligen weiteren Orten auf der Iberischen Halbinsel und in Südfrankreich.

Rinder für Kinder (Stierlauf mit jungen Stieren):
Albalat (Valencia)
Orthez (Frankreich)

Le champion du monde du cracher de bigorneau/Weltmeisterschaft im Strandschneckenweitspucken

Moguériec, Roscoff, Bretagne, Frankreich
Jedes Jahr am dritten Sonntag im Juli

Sportarten mit lebenden Tieren gibt es zuhauf, vom Reitsport mit Pferden, Kamelen, Elefanten und Rindern bis hin zum Herr-und-Hund-Jogging. Die Bretonen erweitern die Liste von tierischen Sportbegleitern um einen echten Sonderling: die Strandschnecke. Unter Feinschmeckern ist die Bigorneau-Schnecke ein Geheimtipp. Aber ein Gourmet nimmt bestimmt nicht die Schnecke mitsamt ihrem Haus in den Mund, und wenn doch, spuckt er sie ganz bestimmt nicht sofort wieder aus. Doch genau das ist das übliche Procedere bei der alljährlich stattfindenden Weltmeisterschaft im Strandschneckenweitspucken in Moguériec bei Roscoff.
Aber wenn Sie jetzt denken: »Klasse, endlich mal eine Sportart, die nicht so schwierig ist und bei der sogar ich gewinnen kann!« – Weit danebengespuckt!
Auch beim Schneckenweitspucken gibt es wahre Meister. Einer von ihnen ist Alain Jourden, seit 2002 der amtierende Weltmeister. Im Jahre 2006 spuckte er so ein armes kleines Schalentier sage und schreibe 10,41 Meter weit. Und dieses Talent scheint in den Genen zu stecken. Jourdens größter und einzig ernst zu nehmender Konkurrent ist sein eigener Sohn, der 2007 eine drei Zentimeter große Schnecke 9,27 Meter weit katapultierte.
Doch wahrscheinlich hat das Ganze eher mit der richtigen Spucktechnik als mit den Genen zu tun. Sowohl die Atemtechnik als

auch die Größe der Schnecke spielen eine wichtige Rolle, um das glitschige kleine Tierchen möglichst weit über die 20 Meter lange Sandpiste zu spucken.

Kleiner Tipp: Egal wie eklig Ihnen das sein mag, stecken Sie die Schnecke mit ihrer offenen Seite in den Mund. Das erhöht die Aerodynamik und damit definitiv die Spuckdistanz! Und sollte es beim ersten Mal nicht klappen, kein Problem: Jeder Teilnehmer hat schließlich drei Versuche.

Mittlerweile starten bei der Schneckenweitspuckweltmeisterschaft jährlich mehr als 200 Menschen aus acht Nationen.

Aber bei allem sportlichen Ehrgeiz hat diese Veranstaltung auch ein kleines Trostpflaster für die Schnecken: Sie werden tatsächlich nur für den Flug gesammelt, danach wieder freigelassen und landen nicht wie sonst üblich im Kochtopf, um verspeist zu werden. Trotzdem bleibt die Frage, ob ihnen dieser kostenlose Flugunterricht wirklich gefällt …

Fazit

Braucht man wirklich lebendiges Spuckgut? Hält die Natur nicht mehr als genug Unbeseeltes mit zum Teil erheblich besseren Flugeigenschaften und wesentlich weniger Ekelerregendes als Schnecken bereit?

Anmeldung

Direkt vor Ort!

Crazy: 3 Dirty: 0 Sporty: 1

Anreise

Das Hafenstädtchen Moguériec liegt ca. 30 Kilometer nordwestlich von Brest in der Bretagne, wo sich auch der nächste internationale Flughafen befindet.

Suopotkupallo MM/ Sumpffußballweltmeisterschaft

Vuorisuo-Sumpf, Hyrynsalmi,
zwischen Kajaani und Suomussalmi, Finnland
Jedes Jahr am dritten Wochenende im Juli

Über die regulären Rasenkollegen kann ein gestandener und auch ein gestürzter Sumpffußballer eigentlich nur lachen. Sumpffußball ist körperlich unglaublich anstrengend, weil man ständig in Bewegung bleiben muss oder sofort bis zu den Knien im Morast versinkt, was das Balltreten ungemein behindert.

Die normalen Fußballregeln wurden für den Wettkampf im Sumpf nur leicht verändert: 15 Schlammschlachtfelder, mit jeweils 35 mal 60 Meter werden jedes Jahr für die Weltmeisterschaft angelegt. Pro Team bestreiten sechs Männer oder Frauen ein Spiel, weitere vier bis sechs Auswechselspieler sollten bereitstehen, denn wer zu wenig Reserve hat, kommt nicht über die ganze Partie von 25 Minuten. Auch gemischte Teams sind zugelassen. Die Abseitsregelung wird komplett ignoriert.

Dann ist noch zu bedenken, dass es auch in Nord-Finnland im Sommer sehr warm werden kann und die einheimischen Stechmücken zahlreich und hungrig sind. Das klingt insgesamt so, als ob ein Fußballhasser einen Horrorkatalog zusammengestellt hat, um alle Fußballer dieser Welt für ihren Sport zu bestrafen. Aber wenigstens sind Verletzungen eher selten, da man im Allgemeinen weich fällt.

Doch wer kommt überhaupt auf die Idee, sich einem derart anstrengenden und verschmierten Sport hinzugeben? In Finnland wurde Sumpffußball schon lange von Wintersportlern als Konditionstraining gespielt, um in den Sommermonaten nicht abzubauen. Da der Schlamm stets unsere kindlichen Bedürfnisse nach suhlen im Dreck befriedigt und so für viel Spaß sorgt, entwickelten die Finnen Sumpffußball zur eigenständigen Sportart weiter und halten seit dem Jahr 2000 regulär eine Weltmeisterschaft ab (die britische BBC sagte dazu nicht zu Unrecht: »Wenn mehr als ein Finne dasselbe macht, richten sie eine Weltmeisterschaft aus«, siehe Frauentragen, Seite 68, und Handywerfen, Seite 121). Und über 250 Teams aus aller Welt reisen an, um auf den 15 Spielfeldern über 500 Spiele durchzuführen.

Es gibt verschiedene Kategorien, von den ganz ernsten bis hin zu den Kostümspielen in der Hobbydivision. Die Veranstalter haben ausgerechnet, dass bei den Spielen etwa 20 000 Liter Schweiß fließen. Und da man in Finnland ist, haben sie für Spieler und Fans auch gleich eine Weltmeistersauna neben dem Turnierplatz aufgebaut, die 35 Meter lang und mit sechs Sauna-Holzöfen bestückt ist. Für Unterhaltung sorgen jeden Abend Live-Bands.

Aber was machen die wackeren Sumpftreter im Winter? Sie spielen auf demselben Gelände Tiefschneefußball, was ungefähr genauso anstrengend ist, nur noch saukalt dazu. Diese Variation ist noch nicht so weit gediehen wie sein schlammiger Bruder, aber es ist wohl nur eine Frage der Zeit, bis auch dieses Turnier von Brasilianern und Australiern besucht wird.

Fazit

Fußballer mögen das als einen dreckigen Witz ansehen, Extremsportler und generelle Schmutzfinken sollten sich aber eine Teilnahme nicht entgehen lassen.

Internet

www.suopotkupallo.fi

Teilnahme/Anmeldung

Ausländische Teams müssen sich über Telefon (+358 44 526 72 77) oder über E-Mail (parooni@suopotkupallo.fi) anmelden.

Anreise

Hyrynsalmi befindet sich 200 Kilometer westlich von Oulu, der nächste Flughafen und der nächste Bahnhof sind in Kajaani, ca. 70 Kilometer entfernt.

Crazy: 2 Dirty: 3 Sporty: 3

Weltmeisterschaft im Kirschkernweitspucken

Düren, Nähe Aachen, Deutschland

Jedes Jahr am letzten Juli-Wochenende

Selbst das zynischste Großstadtkind wird mit einer Portion Kirschen vor sich zum Astrid-Lindgren-Bullerbü-Bewohner und entsorgt den Kirschkern früher oder später durch Spucken auf größtmögliche Distanz.

So verwundert es nicht, dass es für die ewig kindliche Freude am Kirschkernweitspucken eine Weltmeisterschaft gibt, die seit 1974 im Rahmen der Annakirmes in Düren in der Eifel ausgetragen wird.

Im Fußballweltmeisterschaftsjahr 1974 hatten der Moderator K.-G. Breuer und Kirmesdirektor a. D. Hans Zens die »Schnapsidee«, die Kirschkernweitspuckweltmeisterschaft im Rahmen der Annakirmes erstmals auszurichten. Und direkt vom Start weg war das Interesse groß genug, um 200 Wettkämpfer vor die Spuckbahnen zu bekommen. Lediglich bei dieser ersten Weltmeisterschaft wurde auch ein Wettkampf mir Blasrohren ausgefochten, seitdem wird hilfsmittelfrei mit Lungen- und Zungenkraft gespuckt.

Gespuckt werden die sauber geknabberten Kerne von Sauerkirschen aus der Umgebung, wenn diese nicht wegen Wetterkatastrophen und Missernten ausfallen (wie im Jahr 1992) und durch Importware ersetzt werden müssen. Neben den Hauptwettbewerben der Herren, Damen und Junioren gab es auch immer wieder Sonderwettbewerbe, etwa für Kommunalpolitiker oder Karnevalisten.

Die Wettkämpfer spucken auf einer 30 Meter langen und ein Meter breiten Bahn, es zählt der Punkt, an dem der Kirschkern liegen bleibt, nicht die Stelle, wo er auf die Bahn trifft. Das bietet einem ordentlich vollgesabberten Kern natürlich einen nicht zu unterschätzenden Vorteil, kann er doch auf seiner Schleimspur kräftig weiterrutschen. Es gibt drei Versuche pro Athlet, gezählt wird der weiteste Versuch pro Durchgang. Was neben der Bahn niedergeht, wird nicht gezählt. Den Siegern winken neben einem Pokal auch noch unglaubliche 100 Euro Preisgeld.

Den Weltrekord mit 21,71 Meter hält seit 2003 der siebenfache Weltmeister Oliver Kuck, bei den Damen ist die Schweizer Rekordhalterin Conchita Kohler mit 15,24 Meter ebenfalls seit 2003 ungeschlagen.

Bis zu 2500 Zuschauer finden den Weg an die Spuckbahn, und auch das Interesse der Medien hat seit der ersten Veranstaltung nicht nachgelassen.

Neben der Weltmeisterschaft in Düren gibt es auch noch an anderen Orten Kirschkernweitspuckmeisterschaften, so im hessischen Witzenhausen die deutsche Meisterschaft. In Zürich wird die Europameisterschaft ausgerichtet, dort heißen die Kirschkerne Chriesistei.

Bedanken dürfen sich Kinder, Erwachsene und Sportspucker übrigens beim römischen Feldherren und Feinschmecker Lucullus, der die Kirschen 64 vor Christus in Kerasos am Schwarzen Meer entdeckte und ein paar Bäumchen mit nach Rom brachte. Seitdem gilt, zumindest für die Kirschkerne: »Spucken, nicht schlucken!«

Fazit

Kindlich harmlos und familienfreundlich, nur ein ganz klein bisschen eklig, wenn sich die Athleten im Eifer des Gespuckes rot gefärbten Speichel auf die Oberteile triefen lassen.

Internet

www.annakirmes.de/veranstaltungenanna/kirschkernweitspucken
www.chriesistei.com

Anreise

Mit dem Auto aus Richtung Köln und Aachen über die Autobahn A4 an der Anschlussstelle Düren sowie aus Richtung Jülich über die Bundesstraße 56.
Mit der Bahn bis Düren Bahnhof. Auf dem Dürener Bahnhof in die Ruhrtalbahn umsteigen. Diese fährt im Sonderfahrplan in nur drei Minuten Fahrzeit zum Annakirmesplatz.

Internationales Lederhosentreffen & Internationales VW-Käfertreffen

Windischgarsten, Österreich

Jedes Jahr im Juli

Lack und Leder. Zwei harmlose Wörter, bei denen sich die meisten Menschen dennoch unwillkürlich ihren eigenen Phantasien hingeben.

Dass man diese beiden Wörter jedoch auch ganz anders kombinieren kann, beweisen die Einwohner des kleinen österreichischen Städtchens mit dem wohlklingenden Namen Windischgarsten.

Hier ist die Welt noch in Ordnung und das Tragen von lederner Wäsche ganz normal. Schließlich haben es die Altvorderen ja schon immer so gehandhabt: Ein fescher Bua gehört in eine »Krachlederne«.

Doch die Emanzipation ist auch in diesem hintersten Winkel Österreichs angekommen: Beim jährlichen Lederhosenwettbewerb schlüpfen Frauen wie Männer in das speckige Beinkleid und zeigen ihre (nicht immer) strammen Waden. Prämiert werden neben der originellsten Lederhose der Männer und der Damen auch das fescheste Kind in Lederhose, die größte Gruppe in Lederhosen und die weitestangereiste Lederhose samt Inhalt.

Das Ganze ist Teil des jährlich stattfindenden Lederhosentreffens. Drei Tage lang steht der kleine Ort ganz im Zeichen von Leder … und eben auch von Lack, denn zeitgleich findet ein VW-Käfertreffen statt: 2008 gab es die 26. Ausgabe des Lederhosentreffens und die 12. Ausgabe des Käfertreffens.

Und was passiert da so? Natürlich gibt es den traditionellen Kä-

Crazy: 1 Dirty: 0 Sporty: 0

ferkorso, aber auch ein Käferbeschleunigungsrennen und eine anschließende Siegerehrung begeistern die zum Teil sehr weit angereisten Zuschauer und Teilnehmer.

Wer neben Käfer auch größere Tiere mag, der kann sich sonntags bei der »Gebietspferdeschau« tummeln. Ein Pferdeumzug, Preisverleihungen und natürlich Pferdesegnungen sind hier die Hauptattraktionen.

Und für alle, die Tiere eher im gegerbten Zustand mögen, gibt es ja noch das eingangs beschriebene Lederhosentreffen. Hier besteht das Rahmenprogramm neben der »Topmodenschau der angesagtesten Lederhosen- und Dirndlmode« (O-Ton Veranstalter) aus einer Handwerkermeile und einer Wirtemeile. Neben einer Kinderbelustigung gibt es »traditionelle Volks- und Tanzlmusi« sowie einen großen Trachtenumzug mit über 300 Teilnehmern. Aber Vorsicht: So klein und beschaulich wie der Ort mit seinen 2500 Einwohnern auch im Rest des Jahres wirkt, beim Lederhosentreffen fallen über 20 000 Menschen ein!

Fazit

Bloß nicht verwechseln mit dem österreichischen Christopher Street Day! Die Teilnehmer sehen vielleicht ähnlich aus, sind beim Lederhosentreffen aber wahrscheinlich nicht ganz so experimentierfreudig.

Internet

www.lederhosentreffen.at
www.kaefertreffen.at

Anreise

Windischgarsten liegt in Oberösterreich zwischen Salzburg und Graz.

World Toe Wrestling Championship/ Weltmeisterschaft im Zehenhakeln

Wetton Village, Ashbourne, Derbyshire, England, Bentley Brook Inn

Jedes Jahr im Sommer

Zeigt her eure Füße …, und dann lasst sie euch von einem monströsen Gegenspieler entweder zu Boden drücken oder brecht euch den Fußknöchel beim Versuch, selbst zu gewinnen. Beim Toe Wrestling, einer Art Armdrücken mit den Füßen, sollte man außer kräftigen Beinmuskeln und einem gewissen Eigengewicht auch einen Sinn für Humor und natürlich saubere Füße haben. Vor dem Wettkampf werden die Füße auf ihren Gesundheitszustand überprüft, mit Fußpilz und Schweißfuß braucht man hier nicht aufzutauchen.

Seit 1994 werden in dieser Sportart schon Weltmeisterschaften durchgeführt. Ausgangspunkt war wie so oft ein Pub auf dem Lande, in dem die Stammgäste eine neue Sportart erfinden wollten, die dem Bierkonsum nicht komplett im Weg stand. Im Jahr 1997 wurde um die olympische Anerkennung gebeten, die aber (unverständlicherweise) vorerst vom IOC abgelehnt wurde.

Die Wettkampfarena ist ein kleines Holzbrett auf dem Boden, das »Toedium«, auf dem sich die Kontrahenten mit jeweils einem Fuß breitmachen. Die großen Zehen werden ineinander verschränkt, und auf den Befehl »Toes away« versucht man, den Gegner seitlich vom Brett zu drücken und einen »Toe down« zu erzielen. Dabei muss der nicht kämpfende Fuß in der Luft bleiben und der Hintern auf dem Boden. Es werden zwei Kämpfe ausgetragen, erst rechter Fuß, dann linker Fuß. Bei einem Unentschieden gibt es einen Entscheidungskampf, wieder mit dem rechten Fuß. Wer den Schmerz nicht aushält und aufgeben will, kann das dem Schiedsrichter mit den Worten »toe much« anzeigen. Männer und Frauen kämpfen getrennt. Aufputschmittel außer Tabak und Alkohol sind nicht erlaubt.

Ein kleines Startgeld wird erhoben, das komplett wohltätigen Zwecken zugeführt wird.

Das Feld der Konkurrenz ist hart, und es hat sich wohl eingebürgert, sich als Wettkämpfer ähnlich den Wrestlern in Amerika mit Kampfnamen zu schmücken: Paul »The Toe-minator« Beech, Na-Toe-Lie Cartwright, Karen »Kamikaze« Davies, Ian »The Destroyer« Davies, Alan »Nasty« Nash sind nur einige Namen amtierender Meister der letzten Jahre.

Kleiner Tipp: Das speziell zur Meisterschaft gebraute »Ankle Cracker Ale« soll sehr empfehlenswert sein …

Fazit

Prima für alle, die gut zu Fuß sind und auch noch die absurdeste Sportart dieses Planeten einmal ausprobieren wollen. Und natürlich für die Fußfetischisten dieser Welt.

Anreise

Ashbourne befindet sich in der Grafschaft Derbyshire, 50 Kilometer südlich von Sheffield und 80 Kilometer nördlich von Birmingham. Der nächste Bahnhof ist in Derby, von dort fahren regelmäßig Busse nach Ashbourne. Ca. 30 Kilometer von Derby entfernt liegt der regionale Flughafen East Midlands. Der nächste internationale Flughafen befindet sich in Birmingham.

Crazy: 2 Dirty: 0 Sporty: 2

Romeria Santa Marta de Ribarteme/ In offenen Särgen durchs Dorf

Las Nieves (galicisch: As Neves), Pontevedra, Galicien, Spanien
Jedes Jahr am 29. Juli

Probeliegen sollte man beim Kauf einer neuen Matratze immer, schließlich verbringt man einen großen Teil seiner Lebenszeit im Bett. Niemand wird skeptisch beäugt, wenn er es sich auf den Ausstellungsstücken im Matratzengeschäft bequem macht. Schließlich ist das normal. Das macht ja jeder so.
Anders verhält es sich jedoch mit dem Probeliegen in einem Sarg. Auch hier verbringt man irgendwann einmal viel Zeit, doch Probeliegen hat sich in Europa einfach nicht durchgesetzt. In ganz Europa? Nein, ein kleines Dörfchen in Galicien bildet die Ausnahme. Im abgelegenen Nordwesten von Spanien vermischen sich immer noch Glaube und Aberglaube zu merkwürdigen Riten.
Einer dieser bizarren Bräuche ist die Prozession zu Ehren der heiligen Marta von Ribarteme in Las Nieves. Bizarr deswegen, weil dort Menschen, die im Jahr zuvor dem Tod von der Schippe gesprungen sind, von ihren Angehörigen in einer feierlichen Prozession in offenen Särgen durchs Dorf getragen werden.
Gegen 10.00 Uhr füllen sich die Straßen des kleinen Örtchens mit

Tausenden von Besuchern. Nach und nach treffen immer mehr Särge bei der Kirche ein. Diejenigen, die keine Familie haben, schleppen selbst ihr letztes Möbelstück mühsam ins Gotteshaus. Um 12.00 Uhr beginnt dann die heilige Messe. Und da das Kirchlein für diesen Massenansturm viel zu klein ist, wird die Messe per Lautsprecher nach draußen übertragen.
Nach der Messe beginnt die Prozession mit den Särgen und den darin liegenden »Nahtoderfahrenen« zum örtlichen Friedhof und zurück. Anschließend berichten die glücklich Überlebenden von ihren Erlebnissen, wie sie eine Krankheit oder einen Unfall überstanden und wie nah sie dem Tod dabei schon kamen.
Der Rest des Festes ist eine typische spanische Fiesta und lohnt auf jeden Fall den Besuch: viel Feuerwerk, Straßenmusik, Essen, Trinken und Tanz versprechen Kurzweil und gute Unterhaltung.

Fazit

Einmal im Sarg durchs Dorf, ohne vorher über den Jordan zu gehen: Lazarus lässt grüßen.

Internet

www.lasromerias.com/pages/galicia/asneves/asneves.htm

Teilnahme

Kaufen Sie sich einen Sarg und lassen sich von Ihren Angehörigen hintragen – oder fahren Sie hin und schauen sich das unheimliche Spektakel einfach nur als Zuschauer an.

Anreise

Las Nieves (As Neves) liegt 120 Kilometer südlich von Santiago de Compostella in der Provinz Pontevedra in Galicien, direkt an der portugiesischen Grenze.

August

Löyly MM/
Weltmeisterschaft im Saunasitzen

Heinola, Finnland

Jedes Jahr Anfang August

Extremsportarten, die man im Sitzen ausführen kann, fallen einem nicht wirklich spontan ein. Jenseits der Rollstuhlsportler kommen höchstens noch Rennfahrer, Schachspieler und Schlagzeuger in den Genuss, eine Sitzgelegenheit für ihr schweißtreibendes Hobby zu haben. Die Finnen haben das Feld um sportliches Saunasitzen erweitert und ganz finnisch auch gleich eine Weltmeisterschaft daraus gemacht. Und das mit beachtlichem Erfolg: Jedes Jahr finden sich Hunderte von Wettbewerbern sowie Presse- und TV-Teams aus der ganzen Welt ein, um das schweißtreibende Hitzeaushalten wie einen Gladiatorenkampf zu kommentieren.

Die Idee für die Sauna-WM hat ihren Ursprung in Heinola. In der Kleinstadt nordwestlich von Lahti trafen sich in den neunziger Jahren ein paar Männer in einer sehr heißen Sauna und wetteten darum, wer es am längsten in der Hitze aushalten würde. Und weil das Ganze wohl einen Riesenspaß bereitete, wurde es schnell zu einer regelmäßigen Veranstaltung. 1999 fand die erste Weltmeisterschaft statt, die Teilnehmer kamen damals noch vorwiegend aus Finnland. 2006 waren es schon mehr als 100 Saunasitzer aus elf Ländern. Die Zuschauermenge geht mittlerweile in die Zehntausende. Bisher hat es noch kein internationaler Teilnehmer geschafft, gegen die saunageschulten Finnen zu gewinnen.

In Skandinavien wird der Saunawettstreit wahrgenommen wie in Deutschland ein Spiel der Fußball-Bundesliga. Fernsehteams aus mehr als 20 Ländern sind jährlich vor Ort, um das kollektive Schwitzen zu beobachten. Mancherorts wird das Wettschwitzen sogar auf Großbildleinwand übertragen, und berühmte finnische Sportkommentatoren werden für die Veranstaltung verpflichtet.

Crazy: 2 Dirty: 1 Sporty: 1

Männer tragen Badehose, Frauen einen Badeanzug oder einen Bikini. Gesessen wird in aufrechter Haltung, und den Schweiß lässt man rinnen; abwischen ist laut offiziellem Reglement verboten. Die Arme müssen angewinkelt auf den Oberschenkeln aufliegen, und durch regelmäßig gegebene Handzeichen zeigt man, dass es einem immer noch gutgeht. Diese Vorsichtsmaßnahme macht Sinn: Die Temperatur liegt bei unkuscheligen 110 Grad Celsius. Alle 30 Sekunden wird ein halber Liter Wasser über die heißen Steine geschüttet. Die Hitze, die dadurch auf der Haut entsteht, ist höllisch und kaum zu ertragen. Hinzu kommt die heiße Atemluft, die in den Bronchien sticht und das Ganze zu einer echten Tortur werden lässt. Kein Wunder, dass die bisherige Weltbestzeit bei »nur« etwas mehr als 16 Minuten liegt. Sieger ist, wer als Letzter in der Sauna sitzt.

Um den Anreiz für die Zuschauer zu erhöhen, können Wetten abgeschlossen werden, wie lange der Sieger durchhalten wird. Drum herum bietet eine Messe für Saunabedarf noch alles, was der Saunafan zum richtigen Abschwitzen braucht.

Fazit

Ähnlich wie bei einer Vitaminvergiftung kann man auch aus dem eigentlich gesunden Saunasitzen eine gefährliche Veranstaltung machen, wenn man aus Gründen des Wettkampfes komplett übertreibt. Nur für Hitzköpfe und Aufgusstrinker aus dem fanatischen Lager geeignet.

Internet

www.saunaheinola.com

Teilnahme

Die Teilnahmegebühr beträgt 50 Euro. Dafür gibt es unter anderem auch ein schönes T-Shirt zur Erinnerung. Darüber hinaus benötigt man zur Teilnahme im Vorfeld ein ärztliches Zeugnis. Alkohol und Drogen sind während der Wettkampftage verboten.

Anmeldung

Auf der Homepage finden sich ein Anmeldeformular sowie die Adresse, an die es ausgefüllt und unterschrieben geschickt werden muss.

Anreise

Heinola liegt ca. 140 Kilometer nordöstlich von Helsinki unweit der Kleinstadt Lahti, wo sich auch der nächste Bahnhof befindet. Internationale Flughäfen gibt es sowohl in Helsinki als auch im 190 Kilometer entfernten Tampere.

Régate internationale des baignoires/ Badewannenregatta

Dinant, Belgien
15.8.2009

Als berühmtesten Sohn hat Dinant an der Maas wohl Adolphe Sax zu bieten, den Erfinder des Saxophons. Da ansonsten in dieser kleinen, felsigen Ecke der Ardennen ziemlich der Hund begraben ist, haben sich die Stadtväter vor etwa 20 Jahren die Badewannenregatta als Attraktion einfallen lassen, und die ist wirklich gelungen.

Eine eigentliche Badewanne als Boot wird man dabei meist zwar nicht zu sehen bekommen, doch die Regel besagt, dass die Badewanne als integraler Bestandteil eines Wasserfahrzeuges beliebiger Art zu verwenden ist. Nur Muskelkraft und Wind sind als Antrieb erlaubt. Aber was die optische Ausstattung angeht, ist alles möglich. So werden aus Badewannen schwimmende Karnevalswagen, die mit vielköpfigen und wild kostümierten Teams die Maas aufwärts gerudert, gepaddelt, gesegelt oder gestrampelt werden. Dabei ist es Brauch, dass die Teams sich gegenseitig mit Eimern voll Wasser überschütten, und auch die zahlreichen Zuschauer am Ufer müssen mit unfreiwilligen Duschen rechnen. Lediglich das direkte und gewollte Versenken der Konkurrenz ist untersagt.

Natürlich gibt es einen Preis für die schnellste Wanne, aber ebenso wichtig und preiswürdig sind Originalität, Schönheit und die gelungene Repräsentation der Stadt Dinant. Und man muss dazu sagen, dass es körperlich nicht ganz anspruchslos ist, mit einem Wassergefährt ohne nautische Eigenschaften gegen den Strom zu kämpfen.

Drum herum gibt es Musik mit starkem Jazz-Schwerpunkt, einen Flohmarkt, viel kühles belgisches Bier und an jeder Ecke leckere regionale Spezialitäten zu essen.
Aber auch in Deutschland findet man mittlerweile diverse Badewannenrennen und -regatten, wie zum Beispiel in Röbel an der Müritz, am Leipziger Völkerschlachtdenkmal, in Wülflingen, in Offingen, in Weischütz, in Plau am See, im Dresdner Alberthafen, am Stadtrainsee in Waldkirch und eine »Wildwasserversion« auf der Wurm bei Geilenkirchen-Müllendorf.

Fazit

Wie heißt es in der Sesamstraße? »Willst du dich im Bade strecken, lass den Stöpsel stecken.« Das gilt besonders für diese Aquatiker, deren Boote sinnloserweise mit einem Flutloch geliefert werden. Bizarr, nass und ungefährlich.

Teilnahme

Comité Sax: 082/22 31 87 – 082/22 40 30

Crazy: 2 Dirty: 1 Sporty: 1

Anreise

Dinant liegt ca. 100 Kilometer südöstlich von Brüssel in der Nähe der französischen Grenze direkt an der Maas.

Championat de France du Cri du Cochon/ Französische Meisterschaft des Schweineschreis

Trie-sur-Baïse/Hautes-Pyrénées, Frankreich

Jedes Jahr am zweiten Sonntag im August

Das Thema »Schweinereien in Frankreich« lässt natürlich einiges erhoffen, aber lassen wir es gleich am Anfang heraus: es geht nicht um Sex oder Pornographie. Es geht um Schweine, Ferkel, Sau und Eber.

Das gemeine Hausschwein hat schon oft in Zeiten der Not ganze Familien ernähren können, es ist einfach zu füttern und nach der Schlachtung geräuchert und verwurstet auch lange haltbar.

Dem wichtigen Beitrag der Wutz zu unserer Ökonomie und unserer Tafelfreude wird im Pyrenäen-Dorf Trie-sur-Baïse regelmäßig im August Respekt gezollt. Bei dem Fest »La Pourcailade«, organisiert von der örtlichen Bruderschaft des Schweins, wird ordentlich die Sau durch das Dorf getrieben. Trie-sur-Baïse ist das Zentrum der französischen Schweineproduktion und hat mit dem letzten Schweinemarkt Frankreichs schon einen natürlichen Startvorteil.

Hauptattraktion des Fests ist alljährlich die französische Meisterschaft im Schweineschrei. Dort gilt es nicht etwa, ein wenig herumzugrunzen, sondern die ganze Palette von Lauten zu reproduzieren, die ein Schwein in seinem Leben von sich gibt. Das geht vom Ferkeljammern nach Muttermilch bis zum Machobrüller des deckbereiten Ebers (ein Schweineorgasmus dauert übrigens etwa 30 Minuten, viel Glück bei der Darstellung …), und die Teilnehmer sollten sich mit der Thematik schon eine Weile beschäftigt haben, bevorzugt über Generationen hinweg. Daher ist das Feld der Schweineschreier oft unter zehn Wettkämpfern groß, ein internationaler Teilnehmer hat bisher noch nicht gewinnen können.

Doch selbst wer nicht über ein gehauchtes »Oink« hinauskommt, wird hier seinen Spaß haben können. Es gibt auch einen Wettbewerb für die schönsten Schweinekostüme, ein Ferkelrennen und ein Blutwurstwettessen, an dem man teilnehmen kann (aktueller Rekord: 1,40 Meter Blutwurst in vier Minuten).

Drum herum feiert das ganze Dorf, alles ist am Thema entlang dekoriert, und natürlich gibt es an jeder Ecke so richtig leckere Sachen zu probieren, die man nicht im Traum einem Schwein zugetraut hätte.

Fazit

Sau rauslassen, das Schwein machen, Ferkel sein, Ringelschwänzchen tragen dürfen. Dans la cochon, tout est bon! (Im Schwein ist alles fein).

Internet

www.triesurbaise.com/tourisme/manif/aout.htm
www.pourcailhade.com/

Crazy: 3 Dirty: 0 Sporty: 0

Anreise

Trie-sur-Baïse liegt in Hautes-Pyrénées, in der Region Midi-Pyrénées. Mit dem Auto kommend, verlassen Sie die Autobahn A 64 (Toulouse–Tarbes) in Toulouse und fahren über Auch, Mirande nach Trie-sur-Baïse.

Deutsche Juniorenmeisterschaft im »i-a«-Rufen

Eselpark Nessendorf, Deutschland

Jedes Jahr im August

Von wegen doofer Esel. Wir Menschen können uns ja noch nicht einmal darauf einigen, wie die Ruflaute des Esels nun wirklich klingen. Während man in Deutschland zur Kommunikation mit Equus asinus asinus, dem gemeinen Hausesel, »i-a, i-a, i-a« ruft, behauptet man in der Türkei und in anderen Ländern, es müsse »a-i, a-i, a-i« lauten.

Dabei sollte man den Deutschen schon einigen Wissensvorsprung einräumen, denn seit zehn Jahren finden hier jährlich die Juniorenmeisterschaften im »i-a«-Rufen statt. Und die Jury bei diesem Spektakel für Kinder bis zu 16 Jahren ist an Fachkompetenz nicht zu übertreffen: Deckhengst Cäsar entscheidet in erster Instanz über gelungene und misslungene »i-a«-Rufe. Schafft es ein Kind, ihm eine Antwort zu entlocken, hat es gute Chancen auf einen der vorderen Plätze.

An jedem Wochenende zwischen April und Juli nehmen im Nessendorfer Eselpark insgesamt mehr als 800 kleine »Möchtegern-Esel« an den Vorrunden zur Juniorenmeisterschaft teil. Und im August ist es dann so weit. Der hoffnungsvolle Nachwuchs im Eselrufimitieren tritt zur großen Juniorenmeisterschaft an, bei der als Hauptgewinn wahlweise ein echter Esel oder 500 Euro in bar winken.

Dabei ist die Motivation unter den Kindern so groß, dass oftmals wochenlang zuvor zu Hause geübt wird, bis sich die Eltern zwangsläufig fragen, welcher Esel auf so eine Idee kam. Nun, es

war kein Esel, sondern ein August. Und scheinbar gar kein so dummer. Seit mehr als 35 Jahren betreibt die Familie August in Ostseenähe ihren Eselpark, und die »i-a«-Juniorenmeisterschaft sorgt seit ihrer Erfindung für regen Zulauf.
Mittlerweile können auch Erwachsene einmal im Jahr am Pfingstmontag ihre Fähigkeiten in der Kommunikation mit Deckhengst Cäsar überprüfen. Es winken zwar keine teuren Preise, und das Teilnehmerfeld ist auch nicht so groß wie bei den Kindern, aber ein Pokal, Ruhm, Ehre und vor allem ganz viel Spaß ist dem besten Eselsrufimitator in jedem Fall sicher.

Fazit

Schon im Mittelalter wusste man: »Es sind vil Esel auff zweyen füßen!«

Internet

www.eselpark.de

Teilnahme

Für Kinder bis 16 Jahren: Jeweils samstags von Ostern bis zur ersten Augustwoche finden die Vorentscheidungen statt. Die Meisterschaft mit den Finalisten der Vorrunden gibt es dann am zweiten Samstag im August. Anmeldung vor Ort.
Der Wettbewerb für Erwachsene findet am Pfingstmontag statt. Auch hier meldet man sich einfach vor Ort an. Die Teilnahme an allen Veranstaltungen ist kostenfrei, es muss lediglich der Eintritt für den Eselpark von drei Euro für Kinder und 3,50 Euro für Erwachsene bezahlt werden.

Anreise

Den Eselpark findet man in Nessendorf, zwischen Kiel und Oldenburg. Der nächste internationale Flughafen ist in Hamburg.

Race The Train/ Marathon Mensch gegen Zug

Tywyn, Wales

Zweiter Samstag im August

Wenn man heutzutage zu spät zum Zug kommt, nutzt es auch nicht mehr viel, dem abfahrenden ICE hinterherzurennen. Die Türen sind hermetisch verschlossen, und jeder Versuch, sich an den Zug zu klammern wird mit einem Polizeieinsatz belohnt. Aber durch viele alte Filme haben wir noch immer das Klischee im Kopf, wie ein beliebiger Held oder Missetäter in letzter Sekunde auf eine dieser kleinen Waggonplattformen aufspringt und die Handlung sich entspannt weiterentwickeln darf.

Was mit einem kleinen Sprint zu erledigen ist, interessierte die Organisatoren von »Race The Train« allerdings nicht, sie wollten die Menschen nicht nur die volle Strecke gegen den Zug laufen lassen, sondern ihnen auch eine Chance geben, tatsächlich vor der Bahn im Ziel zu sein. Daher wurde nicht ein moderner Hochgeschwindigkeitszug als Gegner gewählt, sondern eine kleine Dampfbahn aus dem Museum. Die Strecke ist auch keine klassische Marathondistanz, aber knapp 24 Kilometer durch meist unbefestigtes, schlammiges, steiles und steiniges Gelände zu rennen, ist schon eine Herausforderung an sich.

Die Chance der Läufer, die Strecke nach Abergynolwyn und zurück nach Tywyn schneller als der Zug zu schaffen, liegt in dessen altertümlichem Bedürfnis, ab und zu Wasser zu tanken. Dafür muss er einige Pausen einlegen. Meist sitzen im Zug die Angehörigen der Läufer, die man auf einigen Streckenabschnitten neben dem Zug laufen sehen und kräftig anfeuern kann. Das Dampf-

bähnchen braucht meistens eine Stunde und 47 Minuten für Hin- und Rückweg, der aktuelle Streckenrekord liegt bei 1:19:23 bei den Herren und 1:34:25 bei den Damen. Am Hauptlauf können auch Teams teilnehmen, dabei werden die ersten drei Läufer eines Teams zu einer Teamwertung zusammengerechnet.
Seit dem ersten Rennen im Jahre 1984 haben die Veranstalter, der örtliche Rotarier Club, einige weitere Möglichkeiten zur Teilnahme eröffnet. Denn wenn der Zug schon mal unter Dampf steht, kann man ja vor dem Hauptlauf auch ein paar kürzere Strecken für die nicht ganz so Harten laufen lassen. Die mittelharte Version ist ein Lauf von etwa neun Kilometern, bei dem die Läufer vom Zug mitgenommen werden, mitten in der Landschaft ausgesetzt werden und gegen den Zug zurückrennen sollen. Für Teilnehmer ab neun Jahren gibt es noch einmal eine kürzere Strecke. Am Abend findet dann eine Siegerehrung statt, man kann sich mit allem möglichen Merchandising eindecken (T-Shirts, Kaffeetassen, Kappen etc.), und um elf sind alle müde und wollen ins Bett (nachzulesen auf der offiziellen Internetseite).
Die Einnahmen werden verschiedenen karitativen Organisationen zur Verfügung gestellt.

Fazit

Hauptsächlich für Hardcore-Geländeläufer, die zusätzlich noch Uropas Technologie als minderwertig entlarven wollen.

Internet

www.racethetrain.com

Teilnahme

Die Teilnahmeformulare auf der Internetseite herunterladen und ausgefüllt zurückschicken. Die Teilnahme am Hauptrennen kostet 18 (Teammitglieder) oder 20 (Einzelläufer) Pfund. Der Platz im Zug für die Familie kostet elf Pfund für die Großen, acht Pfund für die Kleinen und für unter 4-Jährige nichts.

Anreise

Tywyn liegt an der Küste von Wales im Snowdonia-Nationalpark. Am besten erreicht man das Dörfchen über den Flughafen Birmingham und fährt von dort aus mit dem Zug über Wolverhampton nach Tywyn. Die Bahnfahrt dauert etwa drei Stunden.

Crazy: 2 Dirty: 1 Sporty: 3

Schlumpfparade

Koksijde, Belgien

Jedes Jahr im August

»Sag mal wo kommt Ihr denn her?« – »Aus Schlumpfhausen bitte sehr!«

So sang Anfang der 80er Jahre der gute alte Petrus Antonius Laurentius Kartner alias Vader Abraham. Heute wohnen die Schlümpfe anscheinend im belgischen Koksijde an der Atlantikküste, ganz in der Nähe der französischen Grenze. Und einmal im Jahr werden sie rausgelassen.

Zu Ehren des belgischen Comiczeichners Peyos, Schöpfer der Schlümpfe, veranstalten die Bürger von Koksijde jährlich ein großes Fest. Bis zu 15 Meter große, mit Helium gefüllte Schlümpfe werden dann in einer riesigen Parade durch das Dorf getragen, begleitet von kleineren Exemplaren zum Anfassen, Clowns und Musikgruppen.

Und jeder, der den unbändigen Wunsch verspürt, selbst mal ein Schlumpf zu sein, kann ihn hier am einfachsten ausleben: Eine weiße Hose und ein blaues T-Shirt überziehen und ab die Post, professionell geschminkt wird man dann vor Ort …

Doch der Fairness halber sollten wir nicht verschweigen, dass die Schlumpfparade in erster Linie eine Veranstaltung für Kinder ist. Für sie stehen den ganzen Tag über die verschiedensten Attraktionen, von Riesenrutsche bis Hüpfburg, bereit.

Die Geschichte der Schlümpfe ist eine Erfolgsgeschichte, die ihresgleichen sucht. Ob dänisch »Smolf«, englisch »Smurf«, isländisch »Strumpur«, italienisch »Puffo«, spanisch »Pitufo«, portugiesisch »Estrumpfo«, ungarisch »Hupikék törpike« oder französisch »Schtroumpf«, in fast allen Sprachen dieser Welt begegnen einem die kleinen sympathischen Zwerge. So verwundert es kaum, dass sich jährlich mehr als 40 000 internationale Gäste zum großen Schlumpffest in Koksijde einfinden.

Fazit

Auf jeden Fall der gesündere Weg herauszubekommen, wie man sich fühlt, wenn man blau ist! Bestens geeignet für Kinder und Antialkoholiker!

Anreise

Koksijde liegt ca. 30 Kilometer südöstlich von Oostende, wo sich auch der nächste internationale Flughafen befindet.

Teilnahme

Einfach hinfahren und mitfeiern!

Crazy: 1 Dirty: 0 Sporty: 0

La Tomatina/Tomatenschlacht

Buñol, Valencia, Spanien

Jedes Jahr am letzten Mittwoch im August

Irgendwie sollte man ja meinen, dass eine Lebensmittelschlacht ganz nett für Kinder sei, aber mit dem Erwachsenendasein unvereinbar und insgesamt doch eher albern. Im spanischen Dorf Buñol sieht man das offensichtlich etwas anders.

Seit über 60 Jahren versammeln sich dort jedes Jahr am Mittwoch der letzten Augustwoche viele Tausende Einheimische und Besucher aus aller Herren Länder, um sich mit über 140 Tonnen Tomaten zu bewerfen.

Der Ursprung dieser bizarren Schlacht wird in mehreren Versionen überliefert. Die einen behaupten, das Fest gehe auf einen Straßenmusiker zurück, der, nachdem er mit Tomaten beworfen wurde, das Gemüse kurzerhand zurückwarf. Andere sagen, dass es Jugendliche waren, die versehentlich einen Gemüsestand umwarfen und sich danach spontan mit Tomaten bewarfen. Und da dieses Bewerfen offensichtlich sehr viel Spaß bereitete, trafen sie sich im nächsten Jahr wieder. Die Teilnehmer wurden regelmäßig verhaftet und kamen genauso regelmäßig im Jahr darauf zurück. Als einige »relevante« Herren getroffen wurden (Spanien war zu dieser Zeit ein faschistischer Staat …), wurde die Tomatina 1957 endgültig verboten. Eine Großdemonstration zur »Beerdigung der Tomate« folgte, und die Behörden erlaubten die Schlacht wieder, wenn ein paar Auflagen erfüllt würden. Und schließlich wurde die Stadtverwaltung 1980 selbst Veranstalter und Organisator der wilden Werferei. Mittlerweile ist die »Tomatina« die größte touristische Attraktion des kleinen Örtchens Buñol.

Das Zentrum der Schlacht ist die Plaza del Pueblo. Hier startet gegen 11.00 Uhr das sogenannte Schinkenstürmen. Dabei kann man versuchen, einen etwa sieben Meter hohen, eingewachsten Baumstamm hinaufzuklettern, um an den dort aufgehängten Schinken zu gelangen.

Crazy: 3 Dirty: 3 Sporty: 1

Gleichzeitig beginnt eine Schlacht der ganz besonderen Art. Während sich mehrere Feuerwehrschläuche auf die Menschenmasse richten und dieser eine druckvolle, aber angenehme Abkühlung verpassen, beginnt die Menge, sich unter dem Schlachtruf »Camisetta!« gegenseitig die T-Shirts vom Leib zu reißen. Frauen sollten dementsprechend nicht auf ein Bikini-Oberteil verzichten, das sie unter ihrem Shirt tragen. Die T-Shirts werden sodann verknotet, und die erste Schlacht des Tages nimmt ihren Lauf.

Die eigentliche Tomatenschlacht startet immer um Punkt 12.00 Uhr. Das Startsignal ist eine Rakete, die mit Tomaten beladen in den Sommerhimmel geschickt wird. Eine Stunde später ist Schluss. Danach ist das Werfen von Tomaten nicht mehr zulässig, woran man sich im eigenen Interesse auch halten sollte.

Da eine gut gewachsene Tomate in den Händen eines geübten Werfers durchaus Verletzungen verursachen kann, gilt die Regel, dass die Tomate vor dem Wurf zerdrückt werden muss. Munition wird von einer ganzen Karawane von Lkws im Dorf angekarrt, man muss also nicht die Früchte der eigenen Gartenarbeit opfern.

Erstaunlicherweise gab es trotz Zehntausender Teilnehmer in all den Jahren keine ernsthaften Verletzungen.
Besonders lustig ist übrigens ein Werbespot für ein Waschmittel, das die »Tomatina« als Beweis für *wirklich* überlegene Waschkraft benutzt.
Auf jeden Fall sollte man nicht wie die meisten Gäste direkt nach der Tomatina wieder abreisen. Am besten nutzt man erst einmal die »Siesta Popular«, eine Art gemeinschaftliches Mittagsschläfchen, das auch offiziell im Rahmenprogramm angekündigt wird, und tankt so frische Kraft für die Feierlichkeiten zu Ehren der örtlichen Schutzheiligen, die fast eine ganze Woche dauern.

Unser Tipp

Tragen Sie nur T-Shirts, deren Verlust Sie verschmerzen können. Eine öffentliche Gemeinschaftsdusche finden Sie direkt neben dem Schwimmbad (nach der Veranstaltung einfach der Menschenmenge folgen). Eventuell besorgen Sie sich schon vor der Veranstaltung Augentropfen, denn eine leichte Augenreizung ist bei einem solch intensiven Tomatenkontakt eine normale Reaktion. Viele Teilnehmer tragen deswegen auch Schwimm- oder Taucherbrillen.

Fazit

Der Traum eines größenwahnsinnigen Kannibalen geht in Erfüllung: eine Tomatensuppe mit 30 000 Menschen drin, gut abgerundet durch ein paar Hektoliter Wein. Man muss nicht mal umrühren.

Internet

www.bunyol.es/html/main3.php?pagina=tomatina_eng.php

Teilnahme

Seien Sie früh genug vor Ort, damit Sie noch Platz auf der Plaza del Pueblo finden, wo um 11.00 Uhr die Wasserschlacht startet.

Anreise

Buñol liegt 30 Kilometer von Valencia entfernt und hat einen eigenen Bahnhof. Die schnellste Straßenverbindung von Valencia ist die Autovia de Este A3. In Valencia gibt es einen internationalen Flughafen.

Bubble Baba Challenge/ Auf Latex durch die Strömung

Losevo, St. Petersburg, Russland
Jedes Jahr am letzten Samstag im August

Der Star dieser Veranstaltung hat volle Lippen und eine ansehnliche Figur. Sie hat einen großen Mund, glatte Haut, ist immer willig und immer schweigsam.
Trotzdem würde kein Mann auf diesem Planeten zugeben, schon mal was mit ihr gehabt zu haben. Die Rede ist von Ventil-Susi, der aufblasbaren Freundin aus dem Erotikshop von nebenan.
Aber keine Angst, liebe Leserin. Schon bei dem Gedanken an Sex mit einem solch leblosen Frauenimitat vergeht uns Männern ja bekanntlich jegliche Lust. Nur woher kommen dann die immensen Verkaufszahlen bei den Liebespuppen? Werden die etwa alle als Partygag gekauft? Auch die »Realdoll« zum Preis von 6499 Dollar? Laut Hersteller geruchs- und geschmacklos, gelenkig, immer verfügbar, unkompliziert und günstig.
Bei der »Bubble Baba Challenge« sollte man(n) seine »Realdoll«, den Ferrari unter den Gummipuppen, aber lieber in der Garage lassen. Hier hat das aufblasbare Standardmodell eindeutig Vorteile, gilt es doch, mit der Latexfreundin die Stromschnelle Losevo im Fluss Wuoska hinunterzuschwimmen. Die Strecke liegt nördlich von Sankt Petersburg, ist 1200 Meter lang und wird normalerweise im Rafting Boot oder im Kajak gemeistert.
Die Regeln sind ganz einfach: Wer als Schnellster ankommt, hat gewonnen, sofern er seine Begleiterin nicht unterwegs verloren hat. Dementsprechend sollte man sich der Treue seiner Gefährtin durch Anbinden mittels einer Schnur versichern. Männer mit

Bindungsängsten sind hier eindeutig im Nachteil. Außer Wettschwimmen gibt es noch einige andere Herausforderungen für Mensch und Puppe. Prämiert wird unter anderem der schönste Name, die kreativste Bemalung, und jedes Jahr kommen ein bis zwei neue Wettbewerbe hinzu. Nur im klassischen Sinne darf man sich der aufgeblasenen Gefährtin nicht nähern. Sexuelle Handlungen führten bei der »Bubble Baba Challenge« schon mehrfach zur sofortigen Disqualifizierung.

Fazit

Ein Riesenspaß bis in die Puppen!

Internet

www.bubblebabachallenge.ru

Teilnahme

Teilnehmen kann man unabhängig vom Geschlecht ab 16 Jahren. Die Teilnahme kostet 500 Rubel (ca. 15 Euro). In der Anmeldegebühr enthalten sind eine Schwimmweste und eine Leihpuppe. Sollte man eine eigene Weste und eine eigene Gummipuppe mitbringen, reduziert sich die Anmeldegebühr auf 250 Rubel.

Anreise

Sankt Petersburg ist als viertgrößte Stadt Europas sehr einfach zu erreichen. Die »Bubble Baba Challenge« startet ca. 90 Kilometer nördlich von Sankt Petersburg an einer Stromschnelle bei Losevo im Fluss Wuoska. Losevo erreicht man von Sankt Petersburg bequem mit dem Zug.

Crazy: 3 Dirty: 1 Sporty: 3

Mobile Phone Throwing World Championship/Weltmeisterschaft im Handywerfen

Savonlinna, Finnland

Jedes Jahr am letzten Samstag im August

Man weiß, dass es in Deutschland mehr Handy-Verträge als Einwohner gibt, in Italien ist das Telefonino wichtiger als der Computer, in Japan findet der größte Teil des Internetverkehrs über Mobiltelefone statt, in England entscheiden Downloads von Songs oder Videos auf Handys über Chartpositionen von Pop-Künstlern. Für die meisten Benutzer ist das Handy nicht nur ein Telefon, sondern ein Statement, ein Statussymbol. Das ist gerade in Finnland, wo die meisten Geräte weltweit produziert werden, ganz besonders ausgeprägt. Der Lebenszyklus eines Handys beträgt dort höchstens 18 Monate. Tausende von Altgeräten mit ihren giftigen Batterien sind in den vielen Seen von Finnland versenkt worden.

Im Jahre 2000 hatte ein Institut für Übersetzungen im finnischen Savonlinna eine Idee, wie es seine Mitarbeiter zum Stressabbau, dem riesigen Berg alter Handys zum Recycling und sich selbst zu medialer Aufmerksamkeit verhelfen könnte: Es veranstaltete den ersten Wettbewerb im Handyweitwurf. Die Rechnung ging auf, und ein unglaubliches Medieninteresse trug dazu bei, dass dieser Wettbewerb heutzutage den Rang einer Weltmeisterschaft hat.

Mittlerweile gibt es eine ganze Reihe nationaler Wettbewerbe in dieser sehr jungen »Sportart«. Bewertet wird in den »traditionellen« Über-die-Schulter-Kategorien nur nach Weite, im Freestyle und im Teamwettbewerb auch nach Ästhetik.

Und keine Angst, so teuer, wie es klingt, wird es nicht: Die zu werfenden Mobiltelefone werden alle vom Veranstalter gestellt. Sie dürfen zwischen 220 und 400 Gramm wiegen. Alle Farben, Formen und Hersteller sind vorhanden, der Sportwerfer findet da ebenso sein Modell wie der eher ästhetisch gesinnte Kunstwerfer. Eigene Telefone werden nicht zum Wettkampf zugelassen. Die müssen dann eben als Trainingsmaterial herhalten.

Fazit

Einem Handyhasser sollte dies als durchgehend rational und nicht im Geringsten verrückt erscheinen. Für die breite dauererreichbare Mehrheit und vor allem für ausgeprägte Handy-Fetischisten dürfte diese Veranstaltung irgendwo zwischen Wahnsinn und Blasphemie liegen.

Internet

www.savonlinnafestivals.com
Anmeldung unter www.savonlinnafestivals.com/en_MM_form.htm

Teilnahme

Teilnehmen kann bei den »Mobile Phone Throwing World Championships« jedermann/-frau in fünf verschiedenen Kategorien: Original Men, Original Women, Team Original, Freestyle oder Juniors (zwölf Jahre oder jünger). Original bedeutet hier: traditionelles »Über-die-Schulter-Werfen«, und nur die Wurfdistanz zählt! Die Anmeldegebühren betragen fünf Euro für Jugendliche, zwölf für Erwachsene und 50 Euro für Teams.

Anreise

Savonlinna befindet sich ca. 350 Kilometer nordöstlich von Helsinki, in der Nähe der russischen Grenze. Savonlinna verfügt über zwei Bahnhöfe und einen kleinen Flughafen, der von verschiedenen skandinavischen Airlines regelmäßig angeflogen wird. Der internationale Flughafen in Joensuu liegt ca. 130 Kilometer entfernt. Mit dem Expressbus, der mehrmals täglich von Helsinki-Vantaa Airport nach Savonlinna abfährt, benötigt man fünf bis sechs Stunden.

Crazy: 2 Dirty: 0 Sporty: 1

Wattolümpiade/Fußballwattmeisterschaft

Elbdeich Brunsbüttel, Deutschland

Jedes Jahr im Sommer

Jedes Jahr Olümpia, watt will man mehr! – Die Wattolümpiade gibt nicht nur Anlass zu allerlei Wortspielen, sondern bietet mit der angeschlossenen Fußballwattmeisterschaft auch eine echte Alternative zum finnischen Sumpffußball. Denn auch hier geht es knöcheltief und knochenhart zur Sache, die Wattkampfarena ist zwischen Flut und Ebbe eine Schlammgrube vom Feinsten, allerdings ohne die Geruchsentwicklung, die ein Hochmoor so mit sich bringt.

Mittlerweile hat sich der ursprüngliche Fußballwattbewerb zu einer ganzen Reihe von Sportturnieren entwickelt, der Begriff Olümpiade ist da ganz angebracht. Es gibt Wattkämpfe im Watthandball, im Wattwolliball und den traditionellen Aalstaffel lauf.

Beim Handball und Fußball wird mit fünf Feldspielern und einem Torwart gespielt, beim Wolliball mit sechs Spielern. Die Aalstaffel besteht aus sechs Läufern. Auswechselspieler sind zugelassen – nach oben hin gibt es keine Begrenzung. Gespielt wird im einfachen K.-o.-System, und die Spielzeit beträgt standardmäßige sieben Minuten. 2008 gab es zum ersten Mal den Wattmeerkampf, bei dem im Gegensatz zu den anderen Sportarten auch Einzelpersonen teilnehmen konnten.

Und dass das Ganze eine unglaublich anstrengende Geschichte ist, sei hier aus eigener Anschauung versichert. Vor allem, wenn man beim Teebeutelzielwerfen nicht den Eimer trifft und kurzerhand den gesamten Parcours noch einmal laufen muss.

Das Leitkomitee der Spiele, sehr treffend Wattikan benannt, hatte aber wohl weniger sportliche Höchstleistung im Sinn, sondern mehr Freude am und im Schlick und gute Unterhaltung. Deswegen mögen die sportlichsten Wattleten vielleicht einen Pokal bekommen, aber es gibt auch Preise für die lustigste Mannschaft, den lustigsten Mannschaftsnamen, den besten Fanclub, das beste Outfit und für die Mannschaft mit der weitesten Anreise. Für Letzteres muss man sich allerdings anstrengen, denn die Teams kommen sogar aus Ländern wie Island und Estland, um sich ein ausgiebiges Schlammbad zu gönnen.

Die teilweise aufwendigen Outfits der Teams sind nach wenigen Minuten dem schlickbraunen Einheitslook der Wattleten gewichen, dieser Wattkampf muss also vor den Spielen stattfinden. In einer Parade von 400 und mehr Teilnehmern ziehen sie deshalb, ganz wie beim griechischen Vorbild, an den gestrengen Schiedsrichtern und dem johlenden Publikum vorbei.

Hinterm Deich gibt es dann noch eine ausgiebige Fressmeile, und zum Rahmenprogramm gehört auch noch das Wattstock-Festival mit namhaften Bands und lokalen Einheizern, mit dem die Spiele am Abend vorher eröffnet werden. Die gesamten Einkünfte werden übrigens der Krebshilfe Schleswig-Holstein gespendet.

Fazit

Watt mutt, dat mutt, wie die Muschelschubser oben am Deich sagen, und sie lassen keinen schmutzigen Trick aus, um den Wattpilgern noch mehr Schlamm in die Frisur zu pressen. Eine Veranstaltung für alle, denen tausend Watt nicht genug sind.

Internet

www.wattoluempia.de

Teilnahme

Teamanmeldung per Post oder Internet bis Mitte Mai, Teilnahmegebühr 25 Euro für ein zehnköpfiges Team, für jeden weiteren Wattleten 2,50 Euro.

Crazy: 3 Dirty: 3 Sporty: 3

Anreise

Aus Richtung Hamburg/Itzehoe: A23 bis zur Abfahrt Itzehoe-Mitte, auf die B5 abfahren Richtung Brunsbüttel, dritte Abfahrt nach der Kanal-Hochbrücke – Brunsbüttel-West – abfahren und der Beschilderung zum Veranstaltungsgelände folgen

Aus Richtung Heide: B5 Richtung Brunsbüttel, Abfahrt Brunsbüttel-West abfahren und der Beschilderung zum Veranstaltungsgelände folgen.

September

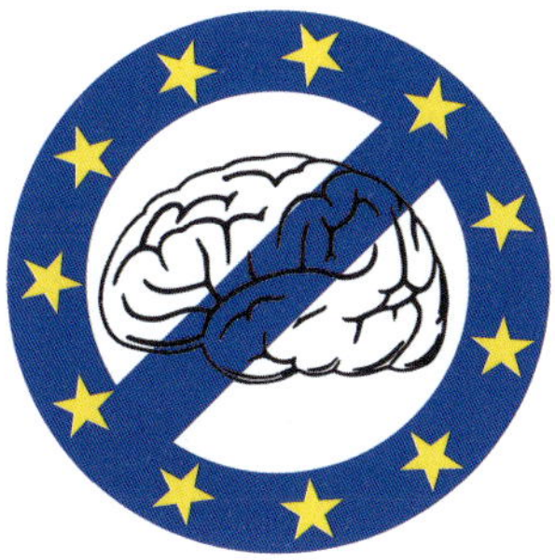

Air Guitar World Championships/ Weltmeisterschaft im Luftgitarrespielen

Oulu, Finnland

Jedes Jahr Anfang September

Kaum eine Fangemeinde ist so fanatisch und treu ihrer Musik ergeben wie die Anhänger des Heavy Metal. Und wer einmal auf einem entsprechenden Konzert war, wird dort zwei Phänomene beobachten können: Headbanging und Luftgitarre. Während Headbangen in erster Linie der Demontage der Nackenmuskulatur und dem gleichmäßigen Verrühren von Bier und Hirn im Kopf dient, ist Air Guitar eine diffizilere Kunstgattung. Zum richtigen Luftgitarrespielen gehört neben dem Imitieren des Instrumentenspiels auch die passende Körpersprache. Ein guter Luftgitarrist gibt den Song mit seinem ganzen Körper wieder, angefangen von der Mimik, der Haltung des Oberkörpers, dem Fingerspiel bis hin zur Beinarbeit.

Seit 1996 wird im finnischen Oulu jedes Jahr die Sahne der internationalen Luftgitarristenelite zum Wettstreit auf die Bühne gebeten. In nationalen Vorausscheidungen wählen die Metal-Nationen dieser Welt ihre Abgesandten (USA, Australien, Neuseeland, Frankreich, Spanien, Japan, Kanada, Deutschland, Schweiz, Italien, Großbritannien, Irland, Österreich, Norwegen …) und erhoffen sich von diesen, dass sie den Titel des weltbesten Luftgitarristen nach Hause bringen.

Die Teilnehmer haben 60 Sekunden, um jeweils einen Pflichtsong und ein selbst gewähltes Kür-Stück darzubieten. Bewertet wird laut German Air Guitar Federation nach folgenden Gesichtspunkten:

Die Bewertung orientiert sich an den Regeln des Eiskunstlaufens. Jedes Jurymitglied gibt ein Votum auf einer Skala von min. 4.0 bis 6.0 Punkten in Zehntelschritten ab.
Bei der Punktevergabe sind folgende Kriterien ausschlaggebend:

- Originalität der Leistung
- Ausdrucksfähigkeit hinsichtlich der musikalischen Botschaft
- Charisma
- technische Fähigkeiten
- künstlerischer Gesamteindruck
- Luftigkeitstauglichkeit (Airness)*

Und diese Airness ist es, die Luftgitarre erst bühnentauglich macht: »Die besondere Gabe, die bloße Imitation zu transzendieren und das Luftgitarrenspielen zu einer eigenständigen Kunstform zu erheben.«

Wie immer, nehmen die Metaller auch ihren Sport (im wahrsten Sinne) bierernst, haben Vereine und lange Regelwerke erschaffen, um 60 Sekunden Zappelei zu einer weltweit beachteten Event-Form zu machen (so ist zum Beispiel eine Begleitband, real oder aus Luft, verboten, ein Luft-Roadie aber erlaubt). Der Hauptgewinn bei der Weltmeisterschaft im Luftgitarrespielen ist eine echte E-Gitarre.
Da die Weltmeisterschaft parallel zum Oulu Music Video Festival ausgetragen wird, gibt es eine beachtliche Menge an Filmen und Videos, die sich dieser Luftnummer widmen.

Fazit

Jeder Nicht-Metaller wird diese Mischung aus Krach und Pantomime für eine Veranstaltung direkt aus der geschlossenen Abteilung der örtlichen Psychiatrie halten müssen. Gerade deswegen ein Riesenspaß, ein fettes Fest und ziemlich weit oben im Dachschaden-Rating.

Internet

www.airguitarworldchampionships.com

Teilnahme

Zur Weltmeisterschaft zugelassen werden nur Teilnehmer, die sich zuvor in einem nationalen Contest ihres Heimatlandes qualifiziert haben.

Qualifikation Deutschland: www.germanairguitarfederation.de
Qualifikation Schweiz: www.airguitar.ch
Qualifikation Österreich: www.airguitar.at

Für Teilnehmer aus Ländern, in denen keine Meisterschaften abgehalten werden, gibt es vor der Weltmeisterschaft eine Qualifizierungsrunde. Außerdem gibt es vor dem eigentlichen Wettbewerb ein zweitägiges Trainingslager, bei dem sich jedermann/-frau noch den letzten Schliff verpassen lassen kann.

Anreise

Oulu ist mit 125 000 Einwohnern die sechstgrößte Stadt Finnlands und besitzt sowohl einen Bahnhof wie auch einen regionalen Flughafen. Der nächste internationale Flughafen befindet sich in Kuusamo.

Crazy: 3 Dirty: 0 Sporty: 2

Cascamorras/Schmutziger geht's nicht!

Baza und Guadix, Spanien

Jedes Jahr vom 5. bis 9. September

Karge Vegetation, staubige Landschaft, die Sonne brennt. Tausende von rabenschwarzen Menschen stehen in Gruppen zusammen. Die Stimmung ist ausgelassen, manche springen und tanzen, und anscheinend warten sie darauf, dass etwas beginnt. Dann plötzlich ein Knall. Die Spannung steigt. Freudenrufe und Jubel.
Der Geruch von Öl wird immer intensiver. Öl?
Ja, Öl! Denn was bei flüchtiger Betrachtung aussieht wie ein Stammesfest in Angola, sind tatsächlich ölbeschmierte Menschen mitten in Europa, genauer gesagt im südspanischen Baza.
Und dann der zweite Knall. Unruhe kommt auf. Wer noch nicht ganz voll Öl ist, setzt alles daran, diesen Zustand zu ändern. Man übergießt sich, reibt sich ein, schmiert sich das schwarze klebrige Zeug auf jede noch so kleine saubere Stelle.
Und beim dritten Knall ist es dann endlich so weit. Cascamorras erscheint, und jeder will nur noch eines: ihn berühren! Doch er hat Helfer. Diese Helfer bilden eine Gasse, die Meute brüllt »Pasillo, Pasillo …«, Cascamorras rennt los, und alle stürzen und

drängeln sich hinterher. Schon nach wenigen Metern steckt Cascamorras wieder fest, und seine Helfer bilden erneut eine Gasse. So geht es im immer gleichen Ritual fünf Kilometer hinunter bis in die Altstadt von Baza.

Die Königin aller Schmutzschlachten sieht sehr brutal aus, ist es aber nicht. Niemand möchte Cascamorras schaden, denn schließlich hat er ein Gelübde zu erfüllen. Man möchte ihn lediglich berühren, umarmen und küssen, aber vor allem möchte man eines: ihn so schmutzig wie nur irgendwie möglich machen. Und das hat folgende Geschichte, nachzulesen in Cervantes' Don Quichote:

Es war einmal vor mehreren hundert Jahren, kurz nach der Rückeroberung Andalusiens durch die Könige von Kastilien und Aragon. Da lebte der fromme Handwerker Juan Pedernal in einer kleinen Stadt mit dem lustigen Namen Guadix. Eines Tages, Juan arbeitete gerade im Nachbarort Baza und war mit dem Abriss einer Moschee beschäftigt, hörte er aus den Trümmern vor sich eine Stimme flehen: »Erbarmen, Erbarmen!« Der Handwerker zögerte nicht lange, räumte einen Stein nach dem anderen aus dem Weg und staunte nicht schlecht, als plötzlich eine fast unversehrte Muttergottesfigur vor seinen Füßen lag.

Und das Problem war geboren. Denn Juan Pedernal beanspruchte die Figur für die Kirche seiner Heimatstadt Guadix, aber die Leute von Baza wollten sie nicht hergeben. Schließlich einigte man sich auf eine ungewöhnliche Art.

Seitdem feiern beide Städte das Fest »Cascamorras« zu Ehren der Virgen de la Piedad, welche Juan Pedernal einst in den Trümmern fand. Der Tradition folgend, wählen die Einwohner von Guadix jedes Jahr einen der ihren zum Cascamorras. Dieser wird am Abend des 5. September mit drei Böllerschüssen auf den 50 Kilometer langen Weg nach Baza verabschiedet. Früher erschien er

dort nach einem langen Marsch, heute nach kurzer Autofahrt, am folgenden Abend um 18.00 Uhr.
Und hier kommt endlich die Erklärung für all das schwarze Öl: Sollte Cascamorras es jemals schaffen, sauber in der Iglesia de la Merced in Baza anzukommen, darf er die verehrte Muttergottesfigur mit in seine Heimatstadt Guadix nehmen.
Am 9. September, nach vorhersehbar gescheitertem Auftrag, erwartet man ihn zu Hause in Guadix mit noch mehr Schmutz und Farbe, da das Objekt der Verehrung immer noch in Baza steht. In Baza hingegen führt man schon am 8. September die Figur der Virgen de la Piedad in einer Prozession feierlich durch die Stadt. Und wieder haben die Tausende von Stimmen während der Schmutzschlacht recht behalten: »Y no se la lleva, y no se la lleva, y no se la lleva!« – Und er wird sie nicht mitnehmen!

Hier noch einige wichtige Hinweise für alle, die sich dieses emotionsgeladene und äußerst schmutzige Erlebnis nicht entgehen lassen wollen:

- Wenn man sich vor der Schlacht mit Salatöl einreibt, erspart man sich das Schicksal der Autoren: ein mehr als halbstündiges Duschen und tagelanges Ausschwitzen von schwarzer Ölfarbe, bis auch die letzte Pore wieder sauber ist.
- Auf dem Arrodea-Hügel stehen mehrere Fässer mit natürlich abbaubarem Öl bereit. Hier kann man sich nach Lust und Laune bedienen und einschmieren. Für die schwarze Farbe des Öls sorgen Pigmente. Die Benutzung von Motoröl war im Jahr 2008 trotz strikten Verbots leider noch vielfach zu beobachten.
- In Guadix benutzt man anstatt schwarzem Öl rote Erdpigmente. Diese werden in Plastikflaschen in Wasser gelöst, und das Gemisch verteilt man dann während der Schlacht auf Cascamorras und alle anderen Anwesenden. Wenn man sich selbst »bewaffnen« möchte, kann man die Pigmente in fast jedem Geschäft für Malerbedarf in Guadix käuflich erwerben. Dies ist aber nicht zwangsläufig notwendig, da man sowieso von oben bis unten verdreckt und am Ende von der Feuerwehr mit farbigem Schaum »garniert« wird.
- Die beiden wichtigsten Sätze zum Mitgrölen: »Eso si que es, un Cascamorras!« (Dies ist ein wirklicher Cascamorras!) und »Y no se la lleva!« (Und er wird sie nicht mitnehmen!).

Cascamorras' Fahrplan:

5.9./23.30 Uhr Verabschiedungsprozession in Guadix

Von der Kirche Iglesia de San Miguel bis zur Brücke über den Fluss Guadix.

6.9./18.00 Uhr Ölschlacht in Baza

Der Lauf startet am Arrodea-Hügel und endet nach fünf Kilometern an der Iglesia de la Merced.

8.9./19.30 Uhr Prozession zu Ehren der Virgen de la Piedad in Baza

Von der Iglesia de la Merced einmal durch die Innenstadt und zurück.

9.9./18.00 Uhr Farbenschlacht in Guadix

Der Lauf startet am Bahnhof von Guadix und endet nach drei Kilometern an der Iglesia de San Miguel.

Fazit

Als Misanthrop bleibt man besser gleich zu Hause! Man schreit, man läuft, man rempelt, drückt und umarmt sich. Man ist eins mit der schwarzen klebrigen Masse …

Internet

www.cascamorras.org

Anreise

Baza ist leicht zu erreichen über die A92N, die die Stadt auch mit Guadix verbindet. Der nächstgelegene Flughafen ist Granada, das etwas mehr als 100 Kilometer entfernt ist. Der nächstgelegene Bahnhof befindet sich in der Nachbarstadt Guadix, etwa 50 Kilometer von Baza in Richtung Granada.

Correfoc/Feuerlauf

Katalonien, Spanien
In fast allen Städten Kataloniens zum Patronatsfest, bspw.:
Barcelona »La Merce«, 3. Septemberwoche
Tarragona »Santa Tecla«, 3. Septemberwoche
Tortosa »La Cinta«, 2. Septemberwoche

Unter Brandstiftung versteht man im Amtsdeutsch »das vorsätzliche oder fahrlässige Inbrandsetzen eines nicht dazu bestimmten Sachgutes«. Aber wie nennt man es, wenn man von Freaks in Teufelskostümen mit Fackeln, brennendem Magnesium und anderem »Feuerwerk« durch die Straßen gejagt wird? Nötigung? Versuchte gefährliche Körperverletzung?
In den meisten europäischen Ländern durchaus, in Spanien jedoch nennt man das Tradition. Eine dieser »brandgefährlichen« Traditionen findet man zur Fiesta Major in fast allen katalanischen Städten: den »Correfoc«.
Frei übersetzt bedeutet Correfoc »Feuerlauf«, und das trifft die Sache ziemlich gut. In einer Parade ziehen junge Frauen und Männer in Teufelskostümen durch die Straßen, werfen mit Böllern und tragen funkensprühende Fackeln. Aber jetzt kommt der Clou. Wo bei uns schon jeder harmlose Karnevalsumzug eine Absperrung zur Sicherheit der Zuschauer hat, findet sich hier: rein gar nichts. Als Zuschauer steht man mitten im Funkenregen, wird mit Böllern beworfen und freut sich am archaischen Treiben, sofern man nicht gerade wieder mit dem Löschen der eigenen Kleidung beschäftigt ist. Sonntagskleidung und Polyesteranzüge sollte man also besser im Schrank lassen, bewährt haben sich dicke Baumwollpullover, Parkas, Lederjacken und Lederhüte.

Crazy: 2 Dirty: 1 Sporty: 1

Doch bei all dem Lärm, Schwefelgestank, Feuer und allgemeinen Chaos gibt es beim »Correfoc« auch Regeln, die von Ort zu Ort variieren. In manchen Gemeinden ist es üblich, die »Teufel« durch Sitzblockaden aufzuhalten, in anderen berührt man sie und geht mit ihnen in die Knie. Sie danken es, indem sie ihre Fackeln kräftig auf die Erde stampfen, damit noch mehr Funken fliegen.
Wem es während des Spektakels dann doch mal zu heiß wird, der kann sich von den Anwohnern ganz einfach eine Abkühlung verpassen lassen. Man ruft zu den Zuschauern auf den anliegenden Balkonen »Agua, agua!«, und schon ergießt sich Wasser aus diversen Eimern über die Köpfe in die Menge.
Entstanden ist der »Correfoc« wohl als symbolischer Kampf zwischen Gut und Böse irgendwann im Mittelalter. Dass man dabei Feuerwerk verwendet, wundert kaum, denn Spanien hat eine sehr lange Tradition im öffentlichen Anzünden und Verbrennen. So wirft man nicht nur zu Silvester, sondern auch zu San Juan gerne Böller, um die bösen Geister zu vertreiben.
In Valencia sind es die jährlichen »Fallas«, bei denen so Allerlei verbrannt wird. Angeblich geht der Brauch auf die Zimmerleute zurück, die am Tag ihres Schutzpatrons, des heiligen Josef, Holzgestelle für Lampen und Kerzen verbrannt haben. Irgendwann wurden an diesem Tag dann auch Holzreste und alte Möbel auf den Straßen angezündet, und man fing an, bekleidete Strohpup-

pen zu basteln, die man ebenfalls abfackelte. Heute sind aus den Strohpuppen haushohe Kunstwerke, die Ninots, geworden, die oft nicht weniger als zehn Tonnen wiegen und auch schon mal mehr als 100 000 Euro kosten.

Ein weiteres, sehr rustikales und anrührendes Zündeln gibt es jährlich in Mayorga in der Provinz Valladolid. Dort verbrennt man bei der Fiesta »El Vitor« zu Ehren des Missionars San Toribio Alfonso de Mogrobejo alte Weinschläuche aus Fellen, die innen mit Pinienharz imprägniert wurden. Das Feuer, der Geruch, die Gesänge und die gesamte Atmosphäre während der Prozession versetzen einen ohne Umweg direkt zurück ins Mittelalter.

Fazit

Feuer + Teufel = Höllenspaß!

Teilnahme

Einfach unters Volk mischen und mitfeiern! Allerdings muss man bedenken, dass die Kleidung unter dem Funkenflug auf jeden Fall Schaden nimmt. Auf eine lederne Kopfbedeckung sollte man nicht verzichten.

Anreise

Katalonien liegt im Norden Spaniens. Die Hauptstadt Barcelona ist sowohl mit dem Flugzeug wie auch mit der Bahn oder dem Schiff sehr gut zu erreichen.

World Gurning Championships/ Weltmeisterschaften im Grimassenschneiden

Egremont, Cumbria, England
Dritter Samstag im September

Es ist wohl allen noch aus Kindertagen bekannt, zur Freude anderer das Gesicht zu grotesken Grimassen zu verzerren. Weniger bekannt ist, dass es einst tatsächlich den hauptberuflichen Grimasseur gab, der im Mittelalter über die Jahrmärkte zog und mit seinen Grimassen die Besucher in Angst und Schrecken versetzte, eine Kombination aus Pantomime und Geisterbahn.
Der englische Begriff »gurning« wird mit »knurren wie ein Hund, wild aussehen, das Aussehen verzerren« übersetzt. Die Kunst besteht aber nicht einfach nur im hässlich oder grotesk Aussehen, das können viele auch ohne jede Anstrengung. Es geht bei den »World Gurning Championships« vielmehr darum, das Gesicht größtmöglich zu verändern. Und ganz wichtig: ohne die Zuhilfenahme von Händen oder anderen Hilfsmitteln. Nur die 26 Gesichtsmuskeln dürfen den »Gurn« hervorrufen.

Traditionell wird dem Wettkämpfer auf der Bühne ein Kummet (eine Art Halsband für Kutschpferde) umgelegt, durch das hindurch das Kampfgesicht präsentiert wird.

Auch die Einwohner Egremonts sind sich nicht ganz klar, woher ihre weltbekannte Meisterschaft eigentlich stammt. Eine halbwegs glaubwürdige Version erzählt, man habe dem Dorfdeppen gerne so ein Pferdegeschirr übergeworfen und forderte ihn für ein paar Bier zum »gurning« auf.

Der aktuelle Weltmeister Tommy Mattinson hat seinen Titel 2007 bereits zum neunten Mal verteidigt und durfte sein Gewinnergesicht im Jahre 2008 sogar der etwas irritierten Königin darbieten. Schon sein Vater Gordon Mattinson hatte den Titel zehn Mal nach Hause geholt. Wer also gegen die lokalen Größen im Grimassenschneiden antreten will, sollte ausgiebig geübt haben. Bisher hat es noch kein Wettbewerber von außerhalb Englands geschafft, die Gesichtsrichter zu überzeugen, trotz reger Teilnahme aus vielen Ländern der Welt.

Die »World Gurning Championships« finden im Rahmen der Egremont Crab Fair statt, eines seit 1247 bezeugten Jahrmarktes am Ende der Erntesaison. Den Namen hat diese Veranstaltung vom Fallobst, den Crab Apples, und so werden auch heute noch alljährlich von einem Wagen Äpfel ins Volk geworfen.

Weitere Aktivitäten auf diesem Jahrmarkt sind der stets beliebte fettige Baumstamm, von dem man eine Lammkeule herunterholen muss, sowie Fahrradrennen, Pferderennen, Menschenrennen, Hunderennen, ein Wettbewerb im Pfeiferauchen, ein Wettbewerb im Dialektsingen und ein Wettbewerb im »Cumberland Wrestling«, einer lokalen Kampfsportart.

Fazit

Hier bringt es keine Nachteile, sein Gesicht zu verlieren.

Teilnahme

Einfach vor Ort anmelden und mitmachen.

Internet

www.egremontcrabfair.com

Anreise

Egremont liegt an der nördlichen Westküste, gegenüber der Isle of Man und am Rand des Lake District. Die Straße A595 führt direkt nach Egremont.

Für die Anreise ohne Auto: von Berlin oder Basel zum Lennon Airport in Liverpool, von Liverpool mit dem Zug nach St. Bees, von dort mit dem Bus nach Egremont, etwa zwei bis drei Stunden. Oder vom Flughafen Manchester ebenfalls nach St. Bees. Dauert etwa drei bis vier Stunden.

Mülltonnenrennen

Hermeskeil, Deutschland

Alle zwei Jahre im September

Personenbeförderung war wohl eher nicht die Idee, die bei der Entwicklung der modernen Mülltonne im Vordergrund stand. Aber wenn es darauf ankommt, eignet sich das Flaggschiff der deutschen Abfallentsorgung auch hierfür: Tonne auf, Person rein, das Ganze leicht kippen, und schon kann man jemanden bequem durch die Landschaft kutschieren.

Schwieriger wird es, wenn man die Tonne ganz allein zur Fortbewegung nutzen will. Reinsetzen geht da schon mal gar nicht. Eigentlich gibt es nur eine Möglichkeit, wie man auf einer Mülltonne einen Abhang hinunterrollen kann, und die will geübt sein: Man nehme eine handelsübliche Mülltonne (80, 120 oder 240 Li-

Crazy: 2 Dirty: 0 Sporty: 1

ter) und lege sie mit Rädern und Deckelscharnieren auf den Boden. Den Deckel sollte man vorher mit Klebeband fixieren. Nun wirft man sich bäuchlings auf die Tonne, umfasst mit den Händen den Deckelrahmen und streckt die Beine aus. Dabei berühren die Füße den Boden nur leicht. Jetzt schiebt man langsam den Körper nach hinten, bis die Tonne vorne zehn bis 15 Zentimeter abhebt.

Wer als Erster auf diese doch eher ungewöhnliche Fortbewegungsmöglichkeit kam und vor allen Dingen warum, bleibt wohl auf ewig ein Rätsel. Sicher ist nur, dass die Jungs vom Hermeskeiler Verein YesAngels e. V. die Ersten waren, die die unförmigen Tonnen als Renngefährt benutzten. Und wie das geht, beschreiben sie folgendermaßen:

»Zum Starten des Rennens wird die Tonne angeschoben. Nach ca. vier bis fünf Metern wirft man sich auf die Tonne und balanciert diese so schnell wie möglich aus. Geübte Fahrer balancieren die Tonne aus, ohne mit den Füßen den Boden zu berühren. Nach erfolgreichem Start und ausbalancierter Tonne rollt diese nun von selbst die Straße herunter. Lenken kann man die Tonne mittels festem Aufsetzen der Füße (wie beim Schlittenfahren) sowie ergänzend durch das Verlagern des Körpergewichts auf die jeweilige Seite.«

Damit aber neben allem Sportsgeist auch der Spaß nicht zu kurz kommt, gibt es zwei komplett unterschiedliche Läufe, in denen beim Hermeskeiler Mülltonnenrennen gestartet werden kann. Zum einen findet sich hier das Hauptrennen, in dem einzig und allein die Geschicklichkeit des Fahrers und damit die Geschwindigkeit der Tonne zählt. Zum anderen gibt es aber auch ein Showrennen, bei dem die Geschwindigkeit überhaupt nicht gewertet wird. Hier zählt ausschließlich der Ideenreichtum, mit dem das profane Alltagsgerät aufgemotzt und hergerichtet wurde.

Regeln für das Hauptrennen

1. Nur übliche Kunststofftonnen für Restmüll oder Papier mit zwei Rädern werden zugelassen. Dabei ist jedem Fahrer freigestellt, ob er eine kleine (80/120 Liter) oder eine große Tonne (240 Liter) verwendet. Alle starten in der gleichen Klasse.
2. Die Tonnen müssen leer und sauber sein. Es dürfen keine zusätzlichen Gewichte mitgeführt werden.
3. Zur Verhinderung des Abschürfens des Deckelscharniers kann dort ein Schutz aus Metall, Holz oder Kunststoff angebracht werden.
4. An den Rollen oder Rädern sind außer Distanzscheiben zum Schutz vor Abschürfungen keine Veränderungen erlaubt. (Ebenso das Anbringen von weiteren Rollen, Rädern, Motoren oder Hilfsmitteln etc.)
5. Um das Verletzungsrisiko so gering wie möglich zu halten, dürfen keine abstehenden Teile, z. B. Spoiler, Auspuffrohre oder Flügel, angebracht werden.
6. Zum Schutz des Becken-/Hüftbereiches ist ein aufgeklebtes Polster vorgeschrieben.
7. Je Tonne darf nur ein Fahrer aufsitzen.
8. Jede Tonne wird vor dem Rennen durch die Technische Abnahme begutachtet und muss für das Rennen freigegeben werden.
9. Den Anweisungen der Rennleitung und Streckenposten ist Folge zu leisten.

Fazit

Die einen heizen mit Müll, die anderen heizen mit Mülltonnen. Ein Hoch auf die moderne Abfallentsorgung!

Internet

www.yesangels.de

Teilnahme

Am Haupt- und Showrennen kann jede Person ab 16 Jahren teilnehmen. Bei 16- bis 18-Jährigen ist die Einverständniserklärung eines Erziehungsberechtigten erforderlich. Zur Anmeldung das Anmeldeformular (zum Download unter yesangels.de) ausfüllen und an info@YesAngels.de mailen oder am Renntag im Rennbüro abgeben. Der Eintritt zur Rennveranstaltung ist frei. Die Teilnahmegebühr am Hauptrennen beträgt je Fahrer fünf Euro. Teilnehmer am Showrennen sind von der Anmeldegebühr befreit.

Anreise

Mit der Bahn: Bahnhöfe finden sich in Trier oder Türkismühle. Von dort verkehren Busse der ÖPNV.

Mit dem Auto: A1 Trier–Saarbrücken, Abfahrt Hermeskeil. Hermeskeil ist Schnittpunkt der Hunsrückhöhenstraße, B327 und B52.

Oktober

Tübinger Entenrennen

Neckarinsel/Tübingen, Deutschland

Jedes Jahr am ersten Samstag im Oktober

Crazy: 1 Dirty: 0 Sporty: 0

»Quietsche-Entchen, nur mit dir –, plansche ich so gerne hier …« Spätestens seit Ernie aus der Sesamstraße mit seiner knallgelben Plastikente in die Badewanne stieg und ihr von seinen Gefühlen sang, besitzt das gelbe kleine Gummitier wahren Kultfaktor. So verwundert es auch nicht wirklich, dass es mittlerweile überall in Deutschland volksfestartige Veranstaltungen gibt, bei denen die gelben Entchen um die Wette schwimmen. Meist werden auf diese Weise Gelder für einen guten Zweck gesammelt.

In Tübingen geht ein solches Rennen bereits ins 10. Jahr und ist dadurch nicht nur das älteste Entenrennen, sondern auch das meistbesuchte in ganz Süddeutschland. Jedes Jahr gehen hier rund 6000 Enten im Neckar an den Start.

Die Regeln sind relativ schnell erklärt: In der Woche vor dem Rennen oder am Renntag selbst kann man beim Veranstalter, dem »Round Table 182 Tübingen-Reutlingen«, und an mehreren anderen Verkaufsstellen für drei Euro eine Ente und ein Los kaufen.

Nun hat man zwei Möglichkeiten. Entweder man nimmt das Los und die Ente mit und gibt den kleinen gelben Freund am Renntag

bis 13.00 Uhr am Startpunkt ab, oder man nimmt nur das Los und lässt das Tierchen in professioneller Betreuung, die es dann ebenfalls am Renntag um 13.00 Uhr im Namen des neuen Eigentümers ins kalte Wasser wirft. Enten, die am Renntag nicht bis 13.00 Uhr abgegeben worden sind, werden disqualifiziert.
Nach ungefähr einer Dreiviertelstunde und einem spannenden Wettkampf mit allerlei Geschubse und Gedränge erreicht die Siegerente das zwischen Hölderlinturm und Eberhardsbrücke liegende Ziel. Die anschließende Siegerehrung findet eine halbe Stunde nach Zieleinlauf auf der Neckarinsel statt.

Fazit
Zugegebenermaßen sind Entenrennen nicht unbedingt die spannendsten Veranstaltungen auf unserem Planeten, aber für einen gemütlichen Nachmittag am Neckar taugt ein Entenrennen allemal. Und dann ist das ganze ja auch noch für einen guten Zweck ...

Internet
www.tuebinger-entenrennen.de

Teilnahme
Hinfahren, vor Ort anmelden und mitmachen!

Anreise
Tübingen liegt 45 Kilometer südlich von Stuttgart, mit dem Auto von Stuttgart bequem über die B27 erreichbar. Mit dem Zug ist man in einer Stunde von Stuttgart nach Tübingen gereist.

World Conker Championship/ Weltmeisterschaft im Kastanienzertrümmern

Ashton, Cambridgeshire, England

Zweiter Sonntag im Oktober

Eigentlich ist Conker ein Kinderspiel, das man jeden Herbst auf Englands Schulhöfen und Spielplätzen beobachten kann. Daher ist es auch denkbar einfach: Eine Kastanie wird in der Mitte durchbohrt, und eine etwa 25 Zentimeter lange Schnur wird hindurchgezogen und unten verknotet. Zwei Spieler stehen sich nun gegenüber, und einer von ihnen muss versuchen, mit seiner Kastanie die des Gegners zu treffen und zu zerstören. Man hat drei Versuche dafür, dann ist der andere an der Reihe. So weit, so einfach.
Wer jedoch in der alljährlichen Weltmeisterschaft mitspielen will, sollte sich auf eine wüste Wirbelei einstellen. Denn wenn die Elite zuschlägt, dann werden die Kastanien in tausend Stücke zerfetzt.
Im kleinen Dörfchen Ashton, in der Nähe von Cambridge, wurde die Weltmeisterschaft 1965 aus der Taufe gehoben, weil wegen Regens ein Angelausflug platzte und man nun im Pub (wo sonst) nach einer Alternative für den Nachmittag suchte. Aus diesen bescheidenen Anfängen entwickelte sich eine riesige Veranstaltung mit Hunderten von Teilnehmern und Tausenden von Besuchern, buchstäblich aus aller Welt. Schon 1976 ging der Titel erstmals ins Ausland, direkt nach Mexiko. 1998 gewann ein deutscher Teilnehmer, 2000 siegte eine Österreicherin in der Damenliga.
Wie das so ist mit den Kinderspielen, wurden viele Leute recht kreativ, um sich und ihrer Kastanie einen Vorteil zu verschaffen,

indem die Wettkampfkastanie künstlich gehärtet wurde. Das ging vom Backen im Ofen über Nagellack bis hin zum Verfüttern an Schweine, deren Verdauungssäfte eine Kastanie steinhart machen können.
Um solche Schummeleien gleich zu unterbinden, werden bei der Weltmeisterschaft fertig aufgefädelte Kastanien gestellt. Und dann gibt es noch einen Regelkatalog mit elf Punkten, den aktive Teilnehmer beherzigen sollten. So darf es zum Beispiel nicht zur Verknotung der Schnüre kommen, das führt beim dritten Mal zur Disqualifikation. Die Kastanie von der Schnur zu hauen, reicht nicht, sie muss kaputt sein.
Die verschiedenen Schlagtechniken wollen im Vorfeld natürlich ausgiebig geübt worden sein. Manche Experten empfehlen dabei eher vertikale Überarmtechniken, andere schwören auf einen seitlichen Trümmerschlag.
Neben den Herren- und Damenwettbewerben gibt es natürlich auch noch Kinderwettbewerbe in drei Altersklassen sowie einen Teamwettbewerb für vierköpfige Mannschaften. Die Mitglieder treten zwar im Einzelwettbewerb an, holen aber Punkte für die Mannschaft, je mehr Vorrunden sie überstehen. Da die Teilnehmerzahl begrenzt ist (256 Herren, 64 Damen), ist eine rechtzeitige Anmeldung angeraten. Die Einnahmen werden für die britische Blindenhilfe gespendet.

Fazit

Ein monströs aufgeblasenes Kinderspiel mit großem Spaßfaktor für alle aktiven Kämpfer und Kenner.

Internet

www.worldconkerchampionships.com

Teilnahme

Auf der Webseite findet sich ein Anmeldeformular, leider nur in englischer Sprache. Das muss man ausfüllen, dann ausdrucken und per Post mit zehn britischen Pfund Teilnehmergebühr zum Ashton Conkers Club schicken. Wer nur zuschauen will, zahlt vier Pfund Eintritt.

Anreise

Selbstfahrer fahren auf der A1(M) bis Petersborough, dort auf die A605 bis Oundle, in einem Kreisverkehr ist Ashton ausgeschildert.

Öffentlicher Transport geht am besten ab London. Von dort kann man ab der Station Kings Cross mit dem Zug nach Petersborough fahren, dort steigt man in einen Bus nach Oundle, Ashton liegt direkt daneben.

Crazy: 1 Dirty: 0 Sporty: 1

Hocktoberfest/Offene Meisterschaften der Welt im Hockern

Kiel, Schleswig-Holstein, Deutschland

Jedes Jahr im Oktober

Was zur Hölle ist Hockern? Wahrscheinlich die komplizierteste, akrobatischste und coolste Art, sich hinzusetzen. Und außerdem eine komplett neue Sportart, 2004 erfunden und seitdem weiterentwickelt in Kiel von den heute als Hockstars firmierenden Benn Denn, Romski Laroid und Orc von Rumänien. Die Leitlinien beim stilvollen Hinsetzen: gut aussehen, gut drauf sein und eine gute Figur machen.

Das Sportgerät selbst kann zwar jeder beliebige Hocker sein. Aber durchgesetzt hat sich ein Hockertyp aus Plastik der siebziger Jahre, der an eine Sanduhr erinnert. Er kann somit beidseitig besessen werden und ist zudem leicht genug, um kunstvoll herumgewirbelt zu werden (Fachterminus »Petern«). Der Meister der Welt 2007, Stefan »SL 300« Landschütz, hat gar einen eigenen Sporthocker entwickelt, den er zum Preis eines Mittelklasse-Skateboards an die Neueinsteiger (»Nesthocker«) zu verkaufen hofft.

Die typische Vorführung eines Hockerers oder einer Hockerette dauert zwei Minuten und wird stets von Musik begleitet. Die Abfolge erinnert an eine Choreographie aus dem Kunstturnen oder Eiskunstlaufen, der Schwierigkeitsgrad der Übungen steigert sich zu einem furiosen Finale. Noch in der Entwicklung ist das Formations-Hockern, aber erste Beispiele dieser Mannschaftsvariation zierten bereits ein Musikvideo der Kieler Punk-Band Smoke Blow.

Crazy: 3 Dirty: 0 Sporty: 2

Doch der Weg vom Nesthocker zum Meister der Welt ist ein langer und durchaus schmerzhafter. Die Hockstars weisen auf Verletzungsgefahren vor allem im Ellenbogen- und Schienbeinbereich hin, aber auch Schädel und Sitzfleisch müssen einiges aushalten. Wie beim Skateboarden führt der Weg zu einem guten Trick meist durch ein tiefes Tal der Tränen.

Ist man sich seines stilvollen Sitzens sicher genug, so kann man sich beim alljährlichen Hocktoberfest in Kiel mit den anderen Hockerern messen und um den Titel »Meister der Welt im Hockern« ansitzen. Die drei Erfinder selbst treten hier nur als Jury in Erscheinung, und das Feld der Sportsitzer ist noch überschaubar. Aber das große Medieninteresse könnte aus dem Underground-Fun-Sport einen Sitzriesen machen. Vielleicht gibt es ja schon bald regionale Variationen zu bestaunen (bayrisches Bierbänkeln, sächsisches Setzeln, niedersächsisches Niederlassen, flandrisches Fläzen etc). Aber bis dahin gilt: holsteinischer Hock 'n' Roll!

Fazit

Wer einer derart alltäglichen Tätigkeit wie dem Hinsetzen einen so kräftigen Tritt ins Akrobatische verpassen kann, sollte baldmöglichst reich und berühmt sein, nicht nur cool und entspannt.

Internet

Die Seite der Erfinder mit einer kleinen Einführung ins Hockern und den Terminen fürs Hocktoberfest: www.hockern.com
Der Sporthocker: www.sporthocker.com

Teilnahme

Jeder kann teilnehmen! Anmeldung ab 20.00 Uhr an der Abendkasse oder beim Infohocker.

Anreise

Mit dem Schiff oder Boot: Kiel liegt am Ende der Kieler Förde, die in die Kieler Bucht und dann die Ostsee mündet. Wer nicht kentert, kommt an.
Mit dem Auto: Von Hamburg auf der A7 nach Norden, an der Ausfahrt 12 auf die A215 wechseln, bis nach Kiel weiterfahren.
Mit der Bahn: bis Kiel Hauptbahnhof.

Dezember

Deutsche Weihnachtsmannmeisterschaft

Celle, Niedersachsen, Deutschland

Jedes Jahr Anfang Dezember

Die Inspiration zur Weihnachtsmannmeisterschaft war eigentlich das allgemeine Casting-Show-Fieber, und die Veranstalter des Weihnachtmarktes in Celle, die Tourismus Region Celle GmbH, wollten nichts weniger als den absoluten Super-Weihnachtsmann für ihren Weihnachtsmarkt. Als das erste Super Santa Casting 2006 bereits riesige Medienwirksamkeit auf sich zog, nannte man die Veranstaltung kurzerhand WM (Abkürzung eben für Weihnachtsmannmeisterschaft) und ließ sich das auch gleich als Marke schützen.

Da es sich aber schlecht macht, Frauen auszuschließen, wurde das Feld der potenziellen Bewerber um Christkindls, Rauschgoldengel und Weihnachtsfrauen erweitert. Und prompt gewann eine Regensburger Christkinddarstellerin den Titel 2007.

In einigen Bundesländern werden nun schon Vorausscheidungswettkämpfe geführt, und da wird nicht an Kategorien gespart, die man als Weihnachtsmann beherrschen sollte. Naheliegend sind ja

noch die Vorrundendisziplinen Trösten, Einpacken und Baumschmücken. Aber beim Hexen, Rentierreiten und Hufeisenschmieden wird das Angebot an Trainern knapp. Singen und Dichten sind wieder klassische Felder der Weihnachtsmannbetätigung, aber für das Weihnachtskugelstoßen und den Schlittenslalom sollte eine gewisse Sportlichkeit unter dem roten Mantel vorhanden sein.
Es gibt aber nicht nur die Wettkämpfe der überzeugten Profis in der Königsklasse, auch bis zu 50 interessierte Laien können in einer eigenen offenen (Fun-)Klasse teilnehmen. Überhaupt sind die Regeln recht skurril, wie etwa diese: Jede/r Teilnehmer/-in der Königsklasse muss eigene Weihnachtsmannkleidung haben (Bart, Kleidung, Stiefel) und darf während der Meisterschaft den Bart nur zu bestimmten, gekennzeichneten »Bartabnehmzeiten« abnehmen.
Mann kann bei den Weihnachtsmannmeisterschaften sogar 1000 Euro gewinnen und darf sich dann ein Jahr lang offiziell DC-Weihnachtsmannmeister nennen.
Aber die Deutschen waren nicht die Ersten, die Weihnachtsmänner ins Rennen schickten. In der Schweiz kennt man schon seit einigen Jahren ClauWau, die »Santa Claus World Championships«, bei der die Teilnehmer in Teams starten und solch exotische Disziplinen wie Santa Show, Santa Flying, Santa Biathlon, Schneebilderstellen, Lebkuchenverzieren, Kaminklettern, Esel Trekking, Santa Travel und Santa Parade bewältigen müssen.
Und fast olympisch ging es bis zur Abmahnung durch das Olympische Komitee in der nordschwedischen Stadt Gällivare zu. Gällivare liegt etwa 70 Kilometer nördlich des Polarkreises und hat dadurch die idealen Voraussetzungen für die »Santa Claus Winter Games« mit den Disziplinen Schornsteinklettern, Haferschleimessen, Rentierrennen und Schlittenfahren.

Fazit

Wer entweder bekennende/r Weihnachtmann/-frau ist oder sonst wie nicht alle Päckchen im Säckchen hat, sollte hier eine echte Herausforderung finden. Rentieren tut es sich sicher …

Internet

www.weihnachtsmann-meisterschaft.de

Teilnahme

Teilnahmeberechtigt sind nur volljährige natürliche Personen. Grundsätzlich kann jede und jeder Weihnachtsfrau/-mann sich je nach »Klasse« zur Meisterschaft bewerben. In der offenen »Fun-Klasse« können alle teilnehmen, die das 18. Lebensjahr vollendet haben und körperlich fit sind, Männer wie Frauen. Insgesamt können hier 50 Teilnehmer/innen starten. Auch in dieser Klasse dürfen nur Weihnachtsmänner/-frauen antreten, die ein volles Weihnachtsmann-Outfit tragen (Bart, Kleidung, Stiefel usw.).

Anreise

Celle liegt im Norden Deutschlands, ca. 45 Kilometer von Hannover entfernt. Dort befindet sich der nächste Flughafen. Celle verfügt über einen eigenen Bahnhof.

The Mad Maldon Mud Race/ Schlammrennen im Winter

Maldon, Essex, England

Jedes Jahr zwischen Weihnachten und Silvester

Es hört sich eigentlich ganz einfach an: Laufe bei Ebbe durch den dann sehr flachen Fluss Blackwater und wieder zurück. Jetzt der erste Haken: Unterwegs gilt es, ein Stück allerfiesesten Schlamm zu überwinden, in dem nicht wenige Teilnehmer hoffnungslos liegen bleiben, teilweise wegen Entkräftung auf allen vieren vorwärtsrobben und zudem von den weniger fertigen Konkurrenten niedergetrampelt werden. Und der andere Haken: Das Rennen findet Ende Dezember statt, es ist also meistens richtig kalt.

Die Organisatoren sind die örtlichen Rotarier und der Lions Club, die mit dem »Mad Maldon Mud Race« in einem Land voller abwegiger Veranstaltungen einen echten Hit gelandet haben. Seit dem ersten Rennen sind Teilnehmerfeld, Zuschauermenge und Medienauflauf stetig gestiegen. Und damit natürlich auch die Einnahmen, die komplett jährlich wechselnden Wohltätigkeitsorganisationen zukommen.

Für den unerschrockenen Teilnehmer gibt es drei Möglichkeiten zu gewinnen. Zum einen in der Einzelwertung, die für Frauen und Männer getrennt vergeben wird. Da das Gewinnerergebnis der letzten Jahre jeweils im Bereich knapp unter vier Minuten lag, der Letzte jedoch erst nach einer halben Stunde ins Ziel triefte, kann man sich eine ungefähre Vorstellung von den Anforderungen an einen Gewinner machen. Zum Zweiten gibt es eine Mannschaftswertung, die für jeweils vierköpfige Teams aus ihrer addierten Gesamtzeit vergeben wird. Und es wäre nicht England, wenn es nicht auch einen Preis für die schönsten Kostüme gäbe. Denn fast alle Teilnehmer sind irgendwie verkleidet. So sieht man von den naheliegenden Weihnachtsmännern bis zu Polizisten, Gentlemen im Smoking, Rugby-Mannschaften, Babys mit Schnuller und Lätzchen, nackten Bauarbeitern und übergewichtigen Männern im rosa Ballett-Tutu die prächtigsten Vertreter britischer Exzentrik im Matsch versinken. Bis zu 6000 Zuschauer gönnen sich dieses Vergnügen jedes Jahr.

Unser Tipp

Wegen der starken Saugkraft der Schlammbänke werden von den meisten Teilnehmern die Schuhe mit Klebeband am Fußgelenk festgeklebt. Es lohnt sich zudem aus reiner Selbsterhaltung, im vorderen Feld mitzulaufen, denn ist man einmal in die Knie gegangen, wird man gnadenlos von den Verfolgern immer weiter in den Schlamm gedrückt, was die starken Unterschiede zwischen Siegerzeiten und den letzten Rängen erklärt.

Fazit

Eine Kombination aus Schlammschlacht, Eisbärschwimmen, Kostümfest, Hochleistungssport und Weihnachten kann einfach nichts Schlechtes sein.

Internet

www.maldonmudrace.com

Teilnahme

Die Anmeldung erfolgt über die Internetseite jeweils ab September. Dann wird auch der Tag des Rennens bekanntgegeben, der ja mit der Ebbe zusammenpassen muss.

Anreise

Mit dem Auto: Mit der Fähre von Hoek van Holland nach Harwich, von dort auf der A120 Richtung Colchester, dort auf der A12 weiterfahren, an der Abfahrt 24 über Tiptree nach Maldon.

Mit Flugzeug und Bahn: Nach London fliegen, vom Bahnhof Liverpool Street den Zug in Richtung Chelmsford oder Witham nehmen, von dort weiter mit dem Bus.

Crazy: 2 Dirty: 3 Sporty: 3

Peter Pan Cup Christmas Morning Race/ Weihnachtswettschwimmen im Londoner Hyde Park

Hyde Park's Serpentine Lido, London, England
Jedes Jahr am 25. Dezember

Wer es sich leisten kann, in London zu leben, über eine gestählte Konstitution verfügt und dann auch noch notorischer Frühaufsteher ist, der kann sich einer besonderen Weihnachtstradition anschließen: dem Weihnachtswettschwimmen um den Peter Pan Cup des Serpentine Swimming Club mitten in Londons Hyde Park.

Bereits seit 1864 wird das Rennen ausgetragen, und der Preis war ursprünglich eine Goldmedaille. Erst 1904 hat der Schriftsteller Sir James Barrie den Peter Pan Cup als Gewinn gestiftet, drei Tage bevor sein Welterfolg erstmals in London aufgeführt wurde.

Das Rennen findet selbst dann statt, wenn erst einmal eine Bahn in das Eis gebrochen werden muss, und viele Teilnehmer staffieren sich mit Nikolausmützen oder anderen weihnachtlichen Dingen aus, bevor sie sich in den eisigen Serpentine Lake stürzen.

Teilnehmen können aber nur Schwimmer, die Mitglied im Serpentine Swimming Club sind. Die Aufnahme kostet 20 Pfund und berechtigt zum ganzjährigen Schwimmen im See, täglich zwischen 6.30 Uhr und 9.30 Uhr morgens, sowie zur Benutzung der Umkleide direkt am See.

Es bedarf wahrscheinlich einer gewissen Verbissenheit, um Teil dieser sehr britischen Tradition sein zu wollen, und sehr viele Menschen haben am Morgen des 25. Dezember sicher andere

Dinge im Kopf, als die Gesundheit, je nach Ansicht, zu stählen oder zu ruinieren. Wer sich also zur aktiven Teilnahme nicht durchringen kann, aber die Briten mal ganz in ihrem Element beobachten will (Wasser und Tradition), kann sich immer noch als Teil der beachtlichen Zuschauermenge an dem Rennen erfreuen. Schön warm angezogen wird man wahrscheinlich ohne Neid und mit leichtem Schaudern dem Weihnachtsplanschen einiges an Unterhaltungswert abgewinnen können.

Fazit

Nur die Harten kommen in den Garten, und richtig stark schwimmt man im Park! Für Hardcore-Britophile und Eisbärschwimmer unentbehrlich.

Internet

www.serpentineswimmingclub.com/

Teilnahme

Die Teilnahme kostet für Mitglieder des Serpentines Swimming Club 15 Pfund. Aus Sicherheitsgründen können nur Mitglieder am Peter Pan Cup teilnehmen, die die ganze Wintersaison regelmäßig den See beschwommen haben. Ohne diese allmähliche Anpassung an die kalten Temperaturen des Wassers könnte ein Kollaps die Folge sein.

Anreise

Nach London fliegen alle internationalen Airlines. Den Hyde Park findet man mitten im Stadtzentrum.

Crazy: 2 Dirty: 1 Sporty: 2

Januar

Hood Day/Massen-Rugby

Haxey, North Lincolnshire, England

Jedes Jahr am 6. Januar,
außer dieser fällt auf einen Sonntag, dann am 5. Januar

Wer einmal gesehen hat, wie beim Rugby der Ball aus einem Gedränge herausgefischt wird, muss sich das einfach in ganz groß und völlig unorganisiert vorstellen. In einem Riesengedränge von 200 und mehr Leuten wird versucht, einen Lederschlauch in einen von vier Pubs zu befördern, wo er für das kommende Jahr verbleibt. Drei der Pubs liegen in Haxey und einer im Nachbardorf Westwoodside.

Ähnlich wie beim Royal Shrovetide Football (Seite 178) ist beim »Hood Day« von Haxey das Thema Dorfkonkurrenz nach uralter Tradition gelöst worden. Aber hier reichen die Wurzeln der Legende zufolge noch weiter zurück, in das 14. Jahrhundert. Lady De Mowbray, Gemahlin des Barons John de Mowbray, verlor ihre seidene Kapuze wegen starken Windes bei einem Ausritt in Richtung Westwoodside. Dreizehn Landarbeiter, die in der Nähe arbeiteten, jagten die Kapuze über das ganze Feld, bis sie schließlich einer zu fassen bekam. Der aber war zu schüchtern, der Lady die Kapuze selbst zu übergeben, und überließ das einem Kollegen. Die Lady war höchst amüsiert und sagte dem Rückgeber, er habe gehandelt wie ein Lord, der eigentliche Fänger aber wie ein Narr. Sie stiftete den Bewohnern einen beträchtlichen Teil Land (52 000 m^2) unter der Bedingung, die Jagd nach der Kapuze (engl. hood) jährlich neu zu veranstalten. Dies wurde dann über die Jahrhunderte zum »Haxey Hood Day«.

Das folkloristische Brimborium um die Veranstaltung ist atembe-

Crazy: 2 Dirty: 1 Sporty: 2

raubend kompliziert, mit offiziellen Ämtern wie dem Narr, dem Lord, den elf Boggins, die als Schiedsrichter fungieren, mit historischen Kostümen für jedes Amt, mit traditionellen Liedern etc. Das eigentliche Spiel ist allerdings recht gnadenlos: Es gibt keine organisierten Teams, und der Massenauflauf rund um den Lederschlauch, der die Kapuze symbolisiert, bewegt sich von außen gesehen langsam, gemächlich und sehr zerstörerisch in Richtung eines der vier Pubs. Da gehen unterwegs Hecken und Steinmauern zu Bruch, und wehe, jemand hat sein Auto in der Nähe geparkt, das wird vom verknoteten, schiebenden und drückenden Menschenhaufen einfach plattgemacht.

Der Start erfolgt auf freiem Feld zwischen den Dörfern um drei Uhr mittags, zu Ende ist das Spiel erst, wenn die Masse vor einem Pub auftaucht und der Wirt das Leder auf seiner Türschwelle berührt. Das kann bis zu vier Stunden dauern, und wer so lange im Gedränge aushält, ist fürwahr ein Held. Da das Leder weder getreten noch geworfen noch damit fortgerannt werden darf, verbleibt es meistens im Zentrum des Körperchaos. Es gibt trotzdem relativ wenige Verletzte, denn die Schiedsrichter ordnen regelmäßig Spielpausen an, um gefallene Drängler aus dem Haufen zu befreien.

Ist das Leder erst einmal angekommen, gibt es Freibier im Siegerpub, und die »Kapuze« wird mit Bier getränkt auf zwei extra dafür angebrachte Haken hinter der Theke aufgehängt.

Fazit

Schiebung ist erlaubt, Drängler sind gern gesehen, und Freibier gibt es auch. Das alles seit über 650 Jahren …

Internet

www.wheewall.com/hood/

Teilnahme

Hinfahren und mitmachen!

Anreise

Haxey liegt in der Mitte Englands, ca. 50 Kilometer östlich von Sheffield, wo sich auch der nächste internationale Flughafen befindet.

Februar

Domingo Farineiro/Mehliger Sonntag

Xinzo da Limia, Ourense, Galicien, Spanien

Jedes Jahr am dritten Sonntag vor Karneval

Es gibt ja eigentlich kaum etwas, womit man sich nicht eine Schlacht liefern kann. Benutzen andere spanische Dörfer für ihre jährlichen Spaßgefechte Tomaten, Farbe oder Wasser, kommt in dem kleinen Dorf Xinzo da Limia bei Ourense in der Provinz Galicien Mehl zum Einsatz. Und Mehl besitzt einen richtig großen Spaßfaktor, bereitet es doch geworfen eine kaum zu übertreffende Sauerei und in Verbindung mit Wasser einen mehr als glitschigen Straßenbelag. Dementsprechend gut ist die Stimmung am »Domingo Farineiro« zum Karnevalsauftakt.

Gleich an drei Sonntagen hintereinander geht hier die Post ab, und direkt am ersten Sonntag steigt die größte Mehlschlacht Spaniens.

Eine weitere Mehlschlacht in Spanien gibt es am drittletzten Tag des Jahres, dem »Día de los Santos Inocentes« in dem kleinen Städtchen Ibi im Hinterland von Alicante. Dort ist die Schlacht jedoch ein kleines Stückchen ritueller. Teilnehmen dürfen dort

nur verheiratete Männer, und erklärtes Ziel der geheimnisvollen Gruppe Els Enfarinats ist es, die Regierungsgewalt in dem rund 26 000 Einwohner zählenden Industriestädtchen zu übernehmen.

Da ist es für Außenstehende doch reizvoller, sich drei Wochen vor Karneval auf den Weg nach Xinzo zu machen. Früher durften dort zwar auch nur Männer die Frauen bewerfen, aber mittlerweile kann man freien Herzens und geschlechtsunabhängig jedem eine Mehldusche verpassen, den man dort so auf der Straße trifft.

Seinen Ursprung hat dieser Brauch in uralten heidnischen Mythen. Der Farbe Weiß wird seit je eine reinigende Wirkung zugesprochen. Wenn man die Teilnehmer nach der Schlacht sieht, können einem bezüglich der »reinigenden Wirkung« jedoch schon einige leise Zweifel beschleichen …

Fazit

Narrheit ist's, das Mehl gegen den Wind zu beuteln!

Teilnahme

Mehl kaufen, hinfahren, werfen!

Anreise

Xinzo da Limia befindet sich ca. 80 bis 100 Kilometer westlich von Vigo in Galicien, in der Nähe der portugiesischen Grenze.

Im griechischen Galaxidi gibt es einen ganz ähnlichen Brauch wie in Xinzo da Limia. Dort kostümieren sich zu Karneval fast alle Einwohner, und alle, die beim Rosenmontagsumzug mitgehen, sind außerdem noch mit Beuteln voller Mehl oder farbigem Pulver bewaffnet. Seit 1801 spielt man hier alljährlich »Troido«, den Mehlkrieg, dessen Ursprünge in die Zeit der türkischen Besatzung zurückreichen. Doch das Schöne an dieser »angestaubten« Tradition ist, dass von Jung bis Alt jeder daran teilnimmt. Mehr dazu unter www.galaxidi.de.

Kleiner Tipp: Falls Sie sich entschließen, an einer der oben beschriebenen Mehlschlachten teilzunehmen, besorgen Sie sich auf alle Fälle zumindest einen Mundschutz, falls Sie nicht gleich in kompletter Schutzkleidung antreten.

Battaglia delle arance/Orangenschlacht

Ivrea, Piemont, Italien

Jedes Jahr an Karneval von Sonntag bis Dienstag

Wenn in den deutschen Karnevalshochburgen die Umzüge losgehen, begibt man sich höchstens in die Gefahr einer Alkoholvergiftung, aber Sorge um Leib und Leben muss man nicht haben. Konfettikanonen und Kamelle sind kindgerechte Einrichtungen, die höchstens zu Karies führen.

Da ist die Einwohnerschaft von Ivrea im italienischen Piemont etwas härter gesinnt. In der berühmten Orangenschlacht werden jedes Jahr Hunderte von Teilnehmern in den Notaufnahmen wieder zusammengeflickt, denn eine Orange ist ein gefährliches Wurfgeschoss. Innerhalb von drei Tagen werden Tonnen von Orangen geworfen, in einer Schlacht zwischen straff organisierten Fußgruppen und den Besatzungen von als Burgen hergerichteten Karnevalswagen, die hier noch von Pferden gezogen werden.

Es gibt wenigstens zwei Legenden für den wilden Obstrausch: Die schönste geht auf das Hochmittelalter zurück. Der tyrannische Graf Rainier von Briandrate war ein großer Freund und Nutzer der »Ius Prima Nocte«, also des Rechts, mit den Bräuten der Stadt die erste Nacht zu verbringen. Angeblich soll es der Müllerstochter Violetta 1194 gelungen sein, zu diesem Zwangsdate ein Messer unter dem Rock in die Burg zu schmuggeln, mit dem sie dem Grafen kurzerhand den Kopf abschnitt. Diesen präsentierte sie dem Volk, welches daraufhin die gräflichen Truppen endgültig vertrieb. Die Müllerin ist heute eine der beiden zentralen Figuren im Karneval von Ivrea.

Ihr männlicher Gegenpart ist der General, der auf Napoleon zurückgeht. Der kaiserliche Korse verfügte, die vielen Stadtteil-Karnevale zu einer zentralen Veranstaltung zusammenzufassen. Dafür durfte sich ein Bürger der Stadt als General kleiden, komplett mit einem Stab von Offizieren und allen Insignien der Macht. Seitdem ist es auch Pflicht für alle, die rote phrygische Mütze zu tragen, das Zeichen der Französischen Revolution.

Die eigentliche Schlacht wird zwischen etwa 4000 Teilnehmern ausgetragen, die entweder Mitglied einer der Fußgruppen sind (Pik As, Tod, Schach, Arduini, Teufel, Söldner, Schwarze Panther, Gläubige und Tuchini) und das rebellische Volk repräsentieren oder auf den Wagen fahren und die Soldaten des Tyrannen darstellen. Da diese das Ziel aller Aggression sind, tragen sie auch entsprechend etwas mehr Schutzkleidung, vor allem stabile Helme. Von einem aktiven Teilnehmer wird also viel Einsatz verlangt, und das über drei Tage hinweg!

Die Zuschauermenge von bis zu 50 000 Leuten ist durch Gitter vor Flugobst geschützt, und wer sich mit der roten Revolutionsmütze dazustellt, hat sicher kein Problem, schnell Kontakte zu den Eporediesern zu bekommen, wie sich die Einwohner der Stadt und der Umgebung nennen.

Crazy: 2 Dirty: 2 Sporty: 2

Fazit

Weicheier unerwünscht, weiche Birne wird per Orange kostenlos geliefert. Wer bereit ist, für die Tradition den Kopf hinzuhalten, ist hier genau richtig!

Internet

www.carnevalediivrea.it/english/battaglia.asp

Teilnahme

Zur aktiven Teilnahme müssen Sie vorher bei einer der Bruderschaften Mitglied werden.
Team »Pik As«: www.assodipicche.it/
Team »Tot«: www.arancerimorte.it/
Team »Schach«: www.gliscacchi.it/modules/news/
Team »Teufel«: www.carnevalediivrea.com/diavoli/scelta.htm
Team »Mercenari«: www.mercenari.it/index.asp
Team »Gläubige«: www.credendari.org/
Team »Schwarze Panther«: www.aranceripanteranera.com/
Team Tuchini: www.tuchini.it
Team Arduini: www.scorpionidarduino.it
Die Schlacht beginnt täglich um 14.15 Uhr auf fast allen Plätzen der Stadt.

Anreise

Ivrea liegt ca. 50 Kilometer nördlich von Turin. Der Aeroporto Internazionale Sandro Pertini befindet sich ca. 40 Kilometer entfernt in Turin Caselle. Ivrea selbst liegt an der Bahnstrecke Turin–Aosta und ist somit auch mit dem Zug sehr gut zu erreichen.

Gänsereiten

Wattenscheid, Höntroper Südpark, Deutschland

Jedes Jahr an Rosenmontag

Gänsereiten – was sich im ersten Moment anhört wie eine Attraktion des örtlichen Streichelzoos, ist das genaue Gegenteil davon: Eine Veranstaltung, bei der man Kinder besser zu Hause lassen sollte!

Der bizarre Brauch, der in vielen Gemeinden Nordrhein-Westfalens heute nur noch mit Attrappen durchgeführt werden darf, wurde vor mehr als 400 Jahren während des Dreißigjährigen Krieges von spanischen Söldnern eingeschleppt. Zu Trainingszwecken banden diese eine Gans kopfüber an einen Baum und versuchten, ihr im Vorbeireiten den Kopf abzureißen.

Wie gesagt: Es klingt nur wie aus dem Streichelzoo, würde aber besser in einen Gruselfilm passen. Zwar sind die Gänse heutzutage schon vorher getötet worden, aber Kopfabreißen bleibt nun mal Kopfabreißen. Nach vielfältigen Protesten benutzen heute viele deutsche Gänsereitervereine oder auch »Hähneköpper«, wie in Dortmund, Essen oder Drohlshagen-Bühren, eine Attrappe. Nicht aber die Gänsereiter des Bochumer Stadtteils Wattenscheid-Höntrop. Hier hält man (sich) an echten Gänsehälsen fest.

Dazu wird alljährlich zu Rosenmontag auf einer Wiese im Höntroper Südpark zwischen zwei Pfählen ein dickes Seil gespannt und in der Mitte das tote Geflügel befestigt. Damit das Ganze aber nicht zu einfach wird, seift man den Hals der Gans noch richtig dick ein. Nun reitet ein Teilnehmer nach dem anderen im gestreckten Galopp auf das tote Tier zu und versucht, es einen Kopf kürzer zu machen. Dabei passiert es oft, dass der Reiter sich zwar

kurze Zeit am Hals der Gans festhalten kann, sein Pferd aber weiterläuft und er kurze Zeit später im Matsch unter der Gans aufschlägt, sehr zur Belustigung der mehr als 2000 Zuschauer, die anlässlich des rustikalen Spektakels (oder vielleicht doch eher wegen der zahlreichen Bierbuden?) gekommen sind.
Nach zwei Spaßgänsen wird es dann ernst. Die Eroberung des dritten Gänsekopfs sichert dem Reiter die Gänsereiterkönigswürde bis zum nächsten Rosenmontag. Ehrenvoll wird er anschließend auf einer überdimensionalen Pappgans dem Wattenscheider Volk im Rahmen des Rosenmontagszuges präsentiert.
Doch das Abreißen des Kopfes sollte man sich nicht zu einfach vorstellen. Oft dauert es mehrere Stunden, bis das Zerren und Ziehen von Erfolg gekrönt ist. Und sollten Muskeln und Sehnen doch mal wieder zäher sein, als es dem gemeinen Gänsereiter lieb ist, hilft die Wettkampfleitung mit einem kleinen Schnitt am Rande des Halses nach. Aber auch in Wattenscheid hat der Tierschutz sein Recht gefordert: Im Anschluss an die Veranstaltung müssen die kopflosen Gänse verspeist werden.

Anmeldung

Gänsereiter-Club Höntrop von 1598 e. V., Höntroper Gänsereiterweg 6, 44869 Bochum.

Anreise

Bochum liegt im Ruhrgebiet und ist somit per Auto, Bahn und Flugzeug sehr leicht zu erreichen.

Crazy: 2 Dirty: 1 Sporty: 2

Kopfabreißen in gans ☺ Europa

In den Niederlanden spricht man von Ganstrekken, Gansrijden oder Genkrijden, in Deutschland von Gänsereiten, Gansreiten oder Gansabreiten, im Englischen von Ganderpulling oder Goose-pulling, in Spanisch von Carreras de gansos, in Baskisch von Aintzara-yoku und in Französisch von Chevauchement de l'oie oder auch Tirer à l'oie.

Unter vielen anderen Orten betreibt man das Gänsereiten auch heute noch in den Niederlanden im Dorf Grevenbicht (Provinz Limburg), in Belgien in Oost-Flandern und um Antwerpen, im Bereich des Polderlandes und in Spanien in El Carpio de Tajo im Westen der Großstadt Toledo.

Eine Variation des Themas findet man in der baskischen Stadt Lekeitios. Hier verzichtet man auf Pferde, hängt die Gans an einem langen Seil über das Hafenbecken und versucht, ihr dann vom Boot aus den Kopf abzureißen.

Fazit

Der transeuropäische Spaß an der organisierten Tierleichenschändung könnte dem Pessimisten einiges über den dünnen Lack der Zivilisation auf der kollektiven Barbarei verraten. Gans schön gruselig!

Royal Shrovetide Football Match/ Noch ein Massen-Rugby

Ashbourne/Derbyshire, England

Jedes Jahr an Karnevalsdienstag & Aschermittwoch

Jedes Jahr an Karnevalsdienstag und an Aschermittwoch wird ein drei Meilen breiter und zwei Meilen langer Gürtel, in dessen Herzen das kleine Örtchen Ashbourne liegt, allem Anschein nach zur Kriegszone. Geschäfte und Banken werden geschlossen und verbarrikadiert, und nur ein schlecht informierter Tourist würde sein Auto zu dieser Zeit des Jahres auf der Straße parken. Denn Ashbourne spielt an diesen zwei Tagen »Shrovetide Football«: das härteste und längste Fußballspiel der Welt!

Die amerikanische Zeitung Sports Illustrated beschrieb es treffend als »eine Mischung aus Fußball, Rugby und Bürgerkrieg«. Es wird von angeknacksten Rippen und gebrochenen Beinen berichtet. Auch Tote soll es bereits schon bei diesem Spiel gegeben haben.

Zwei Mannschaften – und zwar Unterdorf und Oberdorf Ashbournes – mit jeweils mehreren hundert Spielern streiten sich im sportlichen Wettkampf um den Ball. Das Spiel beginnt an beiden Tagen am Shaw Croft Carpark hinter den Supermärkten im Stadtzentrum um 14.00 Uhr und dauert bis 22.00 Uhr. Wenn der Ball bereits vor 18.00 Uhr in einem der beiden drei Meilen voneinander entfernten Tore landet, wird ein neuer Ball ins Spiel gebracht. Wird ein Tor nach 18.00 Uhr erzielt, endet das Spiel für diesen Tag. Die beiden »Tore« waren ursprünglich die Windräder zweier Mühlen. Eine befand sich in Sturston und eine in Clifton. Die Mühlen existieren schon lange nicht mehr. An ihrer Stelle stehen während des Spieles nun zwei »Torsteine«, mitten im Wasser, an die der Ball dreimal geschlagen werden muss. Doch ganz so einfach ist es nicht: Kommt der Ball in die Nähe des Tores, wird eine Spielpause eingelegt, und der Ball wird einem vorher ausgewählten Spieler übergeben, der dann die Ehre hat, das Tor zu machen. Aber ansonsten gilt: keine Regeln, keine Schiedsrichter, keine Gnade!

Crazy: 2 Dirty: 1 Sporty: 2

Der Ball selbst wird jedes Jahr neu gefertigt. Er ist viel größer als ein regulärer Fußball und mit Kork gefüllt, damit er schwimmt, falls er in den Fluss fällt. Er wird außerdem bunt bemalt, jeweils mit Themen rund um die prominente Person, die den Einwurf macht. Wegen des Gedränges wird er selten tatsächlich getreten.

Schriftlich erwähnt wurde das Footballmatch in Ashbourne erstmals 1682. Ähnliche Spiele finden auch auf den Orkney-Inseln und in Cornwall statt. Es gibt eine Theorie, die den Ursprung dieser Spiele auf die Zeit vor der normannischen Invasion zurückführt, als den Angelsachsen die Köpfe von gerichteten Verbrechern vor die Füße geworfen wurden. Nachdem 1928 der damalige Prince of Wales das Spiel eröffnete, nennt es sich nun »Royal«. Im Jahre 2003, 75 Jahre später, hatte der aktuelle Prince of Wales, Charles, die Ehre, den Ball in das Spiel einzuwerfen. Wie er in seiner Rede vor dem Spiel erklärte, hatte er bereits einige der Spieler in einem Pub hinter großen Biergläsern gesehen und wisse genau, wem er den Ball zuwerfen müsse.

Das »Shrovetide Football Match« lässt sich auf zwei verschiedene

Arten erleben. Zum einen als Beobachter aus einem der vielen Pubs, die zu diesem Anlass natürlich den ganzen Tag geöffnet haben. Und zum anderen als Spieler. In diesem Fall ist es aber unbedingt ratsam, vor dem Spiel ein Pint mit den Einheimischen im Pub zu trinken und sich neben den Regeln noch mal ganz genau erklären zu lassen, für welche Seite man eigentlich spielt. Es wird im wahrsten Sinne des Wortes ein »atemberaubendes« Erlebnis, je näher Sie dem Ball kommen!

Fazit

Sportler müssten eigentlich erschauern, wenn diese formalisierte Dorfschlägerei als Fußballspiel bezeichnet wird, aber wer Körperverletzung, Alkohol und lange Traditionen zu schätzen weiß, ist hier genau richtig.

Internet

www.ashbourne-town.com/events/football.html

Teilnahme

Anmeldung nicht notwendig, einfach Hinfahren und Mitmachen. Das Spiel beginnt an beiden Tagen jeweils um 14.00 Uhr am Shaw Croft Carpark.

Anreise

Ashbourne befindet sich in der Grafschaft Derbyshire, 50 Kilometer südlich von Sheffield und 80 Kilometer nördlich von Birmingham. Der nächste Bahnhof ist in Derby, von dort fahren regelmäßig Busse nach Ashbourne. Ca. 30 Kilometer von Derby entfernt liegt der regionale Flughafen East Midlands. Der nächste größere internationale Flughafen befindet sich in Birmingham.

März

World Marbles Championships/ Weltmeisterschaft im Murmelspielen

Tinsley Green, West Sussex, England
Jedes Jahr an Karfreitag

oder

Prag, Tschechische Republik
Jedes Jahr Ende Juli

Etwas verwirrend für die Murmler dieser Welt, dass es gleich zwei Weltmeisterschaften gibt, die man sich mit einer kleinen Glaskugel erstreiten kann. Aber das Murmelspiel hat so viele Variationen, dass es auch noch für ein paar mehr Titel Raum gibt. Immerhin sind die ältesten bekannten Murmeln aus einem ägyptischen Kindergrab etwa 5000 Jahre alt. Im antiken Rom spielten die Kinder während der Saturnalien Murmelspiele, und die heutige Form des Wettkampfes in England lässt sich bis in die Zeit Elisabeth' I. zurückverfolgen.
Seit 1932 gibt es das Turnier in Tinsley Green. Gespielt wird auf dem Parkplatz des Greyhound Inn, was einen konstanten Nachschub an Bier für die zahlreichen Mannschaften aus dem In- und

Ausland garantiert. Die englischen »World Marbles Championships« sind eine reine Mannschaftsveranstaltung, jeweils sechsköpfige Teams treten gegeneinander an. Es können aber auch spontan vor Ort Teams aus interessierten Einzelspielern gebildet werden. Einige Teams fallen durch exzentrische Teamnamen auf wie »Bloody Marbeleous«, »Dazed & Confused« oder »Black Dog Boozers«. Besonders zweideutig benannte sich 2008 ein australisches Team als »Beavers On Fire And Marbles Are Burning«, die daraufhin kurzerhand nur als »Beavers« antreten durften.

Das Spielfeld ist ein etwa zwei Meter großer Kreis aus Sand, in dessen Mitte 49 rote Murmeln kreisrund eingelegt werden. Die Spieler müssen nun versuchen, 25 davon mit ihren eigenen Schussmurmeln aus dem Kreis herauszuschießen. Diese Variation wird »Ringer« genannt. Mehrere Jahre wurde das Turnier von deutschen Mannschaften dominiert, doch 2008 holte eine englische Mannschaft den Titel wieder nach Hause, was in der gesamten englischen Presse einen Widerhall fand. Sogar die deutschen Nachrichtensender berichteten über das Ereignis.

Die andere Weltmeisterschaft in Prag ist hingegen für die Solo-Murmler gedacht. Dort spielt man von zwei (sehr kurzes Spiel) bis zu 25 Murmeln (sehr langes Spiel) pro Spieler. Der Klassiker beinhaltet zehn Murmeln. Es gilt, diese in ein etwa 7,5 Meter von der Startlinie entferntes Loch zu bugsieren. Erst werden abwechselnd alle Murmeln geworfen, dann beginnt das finger- und nervenaufreibende Einlochen. Wer zuerst alle seine Murmeln versenkt hat, hat das Spiel gewonnen.

In beiden Fällen ist ein recht aufwendiges Regelwerk entstanden. So hat etwa in Tinsley Green jede Mannschaft außer dem gerade aktiven Spieler während des Spiels auf einer Bank zu sitzen und darf diese nicht verlassen. Die Bank muss drei Meter Abstand zum Spielfeld haben.

In Prag gibt es die schöne Regel, dass ein Spieler nur während des Spieles rauchen darf, wenn es sein Kontrahent gestattet.

Fazit

Es ist immer wieder merkwürdig, wenn sich die anarchischen Kinderspiele in den Händen erwachsener Menschen zu streng reglementierten Turnieren entwickeln. Aber 600 Jahre Tradition und jede Menge Bier lassen das bald vergessen.

Teilnahme

In Tinsley Green kann man seine Mannschaft entweder schriftlich vorab anmelden oder ab etwa 9 Uhr morgens vor Ort.
In Prag einfach hinkommen und anmelden.

Internet

Für Tinsley Green ist der beste Link kurioserweise das Marble Museum in Kalifornien: www.marblemuseum.org
Für Prag: www.kulicky.com

Anreise

Tinsley Green gehört zu Crawley und liegt südlich von London ganz in der Nähe des Flughafens London-Gatwick.
Prag ist die Hauptstadt der Tschechischen Republik und hat vom Flughafen über Bahnhof bis Autobahnanschluss alles, was man sich wünschen kann.

Lumitangon MM/ Schneetangoweltmeisterschaft

Tampere, Finnland

Erster Samstag im März

Mit Tango verbinden wir erst einmal Argentinien, schwüle Luft, leicht anrüchige Herren, Damen mit verhandelbarer Tugendhaftigkeit und Paartanz mit akrobatischer Beinarbeit. Weniger bekannt ist die Tatsache, dass sich der Tango in Finnland seit über 50 Jahren als echte Volksmusik etabliert hat.

Musikalisch ist die finnische Variation grundsätzlich in Moll gehalten und weist Einflüsse der russischen Romanze und des deutschen Marsches auf. Den wortkargen und oft als depressiv bezeichneten Finnen kam der Tango gerade recht, um eine ihnen angemessene Form der zwischengeschlechtlichen Kontaktaufnahme zu ermöglichen. Oder wie es George Bernard Shaw formulierte: »Der Tango ist der vertikale Ausdruck eines horizontalen Verlangens.«

Der größte Unterschied zwischen Argentinien und Finnland liegt definitiv im Wetter, und so ist wenig verwunderlich, dass man in Finnland mit seinen endlosen Wintern auf die Idee kam, den

Tango im Schnee zu tanzen. Da müssen die leichten Kleidchen und weichen Tanzschuhe allerdings im Schrank bleiben, und hier liegt auch die Herausforderung der Schneetangoweltmeisterschaft: Anmut, Präzision und Können sind in dicken Pelzen und schneetauglichem Schuhwerk ungleich schwerer darzustellen. Das Tanzparkett mag dem Dahingleiten dienlich sein, im Schnee ist man schnell zu weit geglitten. Für die Teilnehmer ist der einzige Weg zur Vorbereitung, so viel wie möglich Tango im Schnee zu tanzen.

Diese Herausforderung wurde von den Finnen begeistert angenommen, und so ist die Schneetangoweltmeisterschaft ein fester Bestandteil im reichhaltigen finnischen Kalender der merkwürdigen Meisterschaften geworden.

Getanzt wird ab zwölf Uhr mittags auf dem Rathausplatz von Tampere, eine 200 000-Einwohner-Stadt im Südwesten Finnlands und drittgrößte Stadt im Land.

Eröffnet wird der Wettbewerb meist durch die Vorführung einiger Meistertänzer, dann beginnen die Qualifikationsrunden. Wer bis ein Uhr noch nicht wegen steif gefrorener Zehen, unschöner Prellungen durch übles Ausrutschen oder einfach schlechten Stils aus der Wertung gefallen ist, kann durch das Halbfinale weitertanzen. Um zwei Uhr mittags startet die Finalrunde mit den sechs besten Paaren, und die Schneetangoweltmeister erhalten ihren Titel in einer Abschlusszeremonie. Organisiert wird der Tieftemperaturtango passenderweise von einer Tanzschule.

Fazit

Ein Tanzturnier mit Hindernissen: Von außen betrachtet schlicht absurd, im finnischen Kontext aber nicht völlig sinnlos.

Internet

www.hurmio.fi

Anreise

Tampere liegt im Südwesten von Finnland. Man kann in 90 Minuten per Bahn oder Auto von Helsinki aus dort sein.
Tampere hat auch einen Flughafen, der von Frankfurt-Hahn und Bremen angeflogen wird. Für Schweizer ist Mailand die nächste Möglichkeit, nach Tampere zu fliegen.

Festa de Santa Francesca/ Segnung der Fahrzeuge

Santa Francesca Kirche, Rom, Italien

Jedes Jahr am 9. März

Des Deutschen Sorge um sein Auto ist zwar Klischee genug, seine Ängste gelten dem nächsten TÜV-Termin, und seine Pflege mag den Lack und den Motor betreffen, aber um das spirituelle Wohl des Wagens kümmert man sich hierzulande eher selten. Ganz anders in Rom: Wer dort täglich im anarchistischen Straßenverkehr überleben will, kann gar nicht genug niedere und höhere Mächte an seiner Seite haben. Da der öffentliche Nahverkehr mit ganzen zwei Metro-Linien keine echte Alternative bietet, ist der Römer auf sein Auto angewiesen, wenn er nicht Roller fährt.

Alljährlich zum 9. März werden im Namen der heiligen Franziska von Rom, Schutzpatronin der Stadt, der Frauen und seit 1925 der Autofahrer, alle Fahrzeuge gesegnet, die es nah genug an die Kirche Santa Francesca Romana herangeschafft haben. Da diese aber in unmittelbarer Nähe des Kolosseums liegt, ist das Angebot an Parkplätzen ziemlich gering, und wie weit der Segnungsradius um die Kirche herum ist, wurde leider nie offiziell ermittelt und bekanntgegeben.

Die historische Franziska, geboren 1384, lebte zu einer Zeit in Rom, als Autos kein Problem darstellten. Es war die Zeit der Schismen mit zwei, zeitweise drei Päpsten. Rom war zerstört, Schafe weideten im Petersdom, Wölfe streunten durch die Stadt, die Pest suchte ihre Opfer. Franziska war vom Wunsch beseelt, Märtyrerin oder wenigstens Nonne zu werden. Ihr Vater verheiratete sie stattdessen mit zwölf Jahren an den Kommandanten der päpstlichen Wache. Sie blieb vierzig Jahre Hausfrau und Mutter, richtete aber in ihrem Palazzo ein Krankenhaus für die Pestopfer ein. Statt als Märtyrerin mit dem Ferrari in die Heiligenriege zu fahren, musste sie sich mit dem Fiat 500 der Laientätigkeit in das katholische Pantheon vorkämpfen. Erst nach dem Tod ihres Gatten schaffte sie es, eine Nonnengemeinschaft adeliger Damen zu gründen. Was sie als Schutzheilige der Autofahrer qualifizierte, war die Geschichte ihres Beichtvaters, nach der sie stets von einem Engel begleitet wurde, der ihr Licht spendete, damit sie auch in der Nacht lesen und schreiben konnte. Ob dieser heilige Funke eine funktionsuntüchtige Zündkerze ersetzen kann, ist dann eine Sache des Glaubens.

Fazit

Es gibt ja fast nichts, was ein gutgelaunter Priester nicht mit seinem Weihwasserwedel besprengt. Bei Autos macht es allemal mehr Sinn als bei Kanonen! Und die Parkplatzsuche in den Gassen von Rom kann man getrost als ein Abenteuer für Wahnsinnige bezeichnen.

Teilnahme

Hinfahren, parken, segnen lassen.

Anreise

Die Kirche Santa Francesca Romana liegt an der gleichnamigen Piazza in unmittelbarer Nähe des Kolosseums, mitten in Rom.

Crazy: 2 Dirty: 0 Sporty: 0

The World Pooh Sticks Championships/ Weltmeisterschaft im Pu-Stöckchen

Days Lock, Little Wittenham, Oxfordshire, England
Letztes Wochenende im März

Sieht man es mal ganz eng, dann ist »Pooh Sticks« eine Rennsportart. Sieht man es allerdings aus der Perspektive des Erfinders Winnie Pooh, »eines Bären von sehr geringem Verstand«, dann ist es eine schöne Art, sich mit seinen Freunden an einem sonnigen Nachmittag die Zeit zu vertreiben.
Das Spiel (oder der Sport, je nach Alter, Interesse und Anlass) ist in seinem Schwierigkeitsgrad von seinem Schöpfer tief geprägt: Man lässt zeitgleich mit seinen Freunden von einer Brücke ein Stöckchen in einen Bach oder kleinen Fluss fallen (auf der stromaufwärts zeigenden Seite), und zwar mit ausgestrecktem Arm, ohne zu werfen. Dann rennt man schnell über die Brücke auf die andere Seite und schaut, wessen Stöckchen zuerst unter der Brücke hervorkommt.

Crazy: 1 Dirty: 0 Sporty: 0

Dass die »World Pooh Sticks Championships« im Jahr 2008 bereits ihr 25. Jubiläum feierten, sagt viel über die nachhaltige Begeisterung, die sich viele Menschen über ihre Kindheit hinaus für diesen

Wettstreit erhalten konnten. Dabei war es eigentlich die Idee eines Schleusenwärters, der Halbwüchsige in der Nähe seiner Schleuse das traditionelle Spiel spielen sah, weil sich die kleine Brücke über den Bach bestens dazu eignete. Er fing einfach an, für die abgebrochenen Stöckchen Geld zu verlangen, das dann der englischen Seenotrettungsgesellschaft RNLI gespendet wurde. Als er in Rente ging, übernahm der lokale Rotarier-Club die Organisation, und die Veranstaltung wuchs und wuchs. Die Teilnehmer kamen und kommen aus aller Welt, es gewannen bereits Teams aus Australien und Pakistan, aber auch kleine Kinder aus den umgebenden Dörfern. Kinder haben natürlich wegen ihrer kürzeren Arme einen leichten Startvorteil, aber ein Kenner von Flussströmungsverhalten kann sich ebenfalls schnell als Sieger erweisen. Man muss einfach beobachten, wo der Fluss oder Bach besonders schnell fließt.

Es gibt Einzel- und Mannschaftswettbewerbe, und es gibt sogar einen Wettbewerb für den bestangezogenen Teddybären. Es verwundert auch nicht wirklich, dass einer der Sponsoren ein Honigproduzent ist. Jedes Jahr gibt es einen großen Aufmarsch der Medien, die von diesem Ereignis berichten.

Ein Zyniker würde wohl auf die tiefe Abstrusität dieser Tätigkeit hinweisen und darauf, dass die ganze Veranstaltung doch Kinderkram sei. Das stimmt tatsächlich, und niemand sollte ohne seine Kinder, Enkel, Neffen oder Nichten daran teilnehmen. Aber die zahlreichen Fans des dümmlichen, verfressenen Bären ficht das nicht an. Im Gegenteil: Von den schwer erkämpften Erleuchtungen Winnie Poohs ist das Stöckchenwettschwimmen wohl die einzige, die einen Platz in der realen Welt gefunden hat.

Fazit

Sei auch du ein Pooh, vergiss das Hirn hinter der Stirn und hab einfach mal harmlosen Spaß.

Teilnahme

Vor Ort kann man sein Stöckchen für ein britisches Pfund erwerben.

Internet

www.pooh-sticks.com

Anreise

Die Kleine Brücke liegt in der Nähe der Ortschaft Little Wittenham, etwa 20 Minuten entfernt von Oxford und 90 Minuten von London.

April

The World Coal Carrying Contest/ Weltmeisterschaft im Kohlesackschleppen

Gawthorpe, Yorkshire, England
Jedes Jahr am Ostermontag

Die Kohle hat zwar mittlerweile ein übles Image als Klimakiller und CO_2-Schleuder, aber prägte als Energieträger Nummer eins die gesamte industrielle Revolution von den Anfängen mit James Watts Dampfmaschine bis in die Gegenwart. Als Wärmespender im heimischen Ofen hat sie schon eine Weile ausgedient, doch viele Ältere können sich sicher noch an die regelmäßigen Kohlelieferungen erinnern sowie an die elende Schlepperei der Lieferanten. Ältere Bauwerke haben noch einen Kohlekeller mit einer Luke vor dem Haus, in die der Kohlesackträger seine schwarze Last entleeren konnte. Auch den stärksten Lieferanten raffte wahrscheinlich frühzeitig die Staublunge dahin.
So wirkt die Weltmeisterschaft im Kohlesackschleppen heute wie eine Hommage an vergangene Zeiten und deren Helden der Arbeit. Als sie jedoch erfunden wurde, im Jahre 1963 in einem Pub (wo sonst …) in Gawthorpe, Yorkshire, England, da war die Kohleheizung noch Bestandteil des täglichen Lebens (und die Kohleförderung in der Umgebung wurde immerhin seit 1366 ausgeübt).
Eigentlich war die Herausforderung zu diesem Wettkampf rein privater Natur, ausgesprochen von einem Mr. Reggie Sedgewick an einen Mr. Lewis Hartley, welcher die Fitness des Herrn Sedgewick in Zweifel zog. Doch der Vorsitzende des Maibaum-Komitees, Mr. Fred Hirst, der dieser Unterhaltung lauschte, nahm die Idee begeistert auf, weil er schon länger nach einem jener Events

suchte, die offensichtlich unverzichtbar sind für das englische Dorfleben.
Seit dieser Zeit dürfen besonders harte Damen und Herren um den Titel des Weltmeisters im Kohlesackschleppen kämpfen, inklusive Eintrag in das Guinnessbuch der Weltrekorde. Die Strecke von exakt 1012,5 Metern geht mitten durch das Dorf, vom Royal Oak Pub zum Maibaum auf der Dorfwiese.

Crazy: 1 Dirty: 1 Sporty: 3

Der zu schleppende Kohlesack wiegt freundliche 50 Kilo und muss ohne zusätzliche Tragekonstruktionen getragen werden. Die Damen kommen da mit einem zehn Kilo leichten Säckchen doch etwas besser weg. Auch für Kinder unter neun, unter elf und unter 15 Jahren gibt es kleine Säcke und eigene Wettbewerbe auf einer erheblich verkürzten Strecke.
Wie eingangs erwähnt, ist das Rennen keine leichte Übung für Gelegenheitsträger. Wer eine Chance auf den Titel haben will, sollte neben einer kräftigen Konstitution vorher ein paar Trainingseinheiten absolviert haben.
Ein ehemaliger Titelträger, von Beruf Farmer, gab zu Protokoll, dass er zu Trainingszwecken mit Kartoffelsäcken einen Hügel rauf- und runtergelaufen sei. Meist schaffen es weniger als die Hälfte der Wettträger über die Ziellinie. Der aktuelle Weltrekord liegt bei vier Minuten, sechs Sekunden, aufgestellt im Jahre 1991 von David Jones aus Meltham, und im Jahre 1995 schaffte es Mr.

Jones, noch einmal dieselbe Zeit zu laufen. Der Rekord der Damen steht bei fünf Minuten, fünf Sekunden, von Mrs. Julia Knight, ebenfalls aus Meltham.
Das Feld der Meisterträger ist auf 30 begrenzt, dabei werden die 15 ersten Voranmeldungen berücksichtigt sowie die ersten 15 Meldungen am Tag des Wettbewerbs vor Ort. Es gibt neben Ruhm, Ehre und Kohlestaub auch kleinere Geld- und Sachpreise zu gewinnen.

Fazit

Wenn die Säcke auf den Rücken drücken, geht die Nostalgie ins Knie. Trotz allem Spaß ein Lob aufs Gas, niemand muss mehr Kohlen holen.

Internet

www.gawthorpe.ndo.co.uk/coal.htm

Teilnahme

Entweder vorab anmelden (Infos bei steve@stonesandco.freeserve.co.uk) oder früh genug am Tag des Wettkampfes seine Meldung abgeben. Jeweils die ersten 15 werden zugelassen.

Anreise

Gawthorpe liegt in Yorkshire, England, etwas südlich von Leeds. Dort gibt es auch einen Flughafen, der von Düsseldorf und Hamburg, Innsbruck und Salzburg sowie von Genf aus angeflogen werden kann. Man erreicht Gawthorpe über die Abfahrt Nummer 40 auf der Autobahn M1, Richtung Dewsbury an der Landstraße A638.

Kuhfladenlotto (oder Kuhfladenroulette oder Kuhfladenbingo)

Praktisch überall auf dem Land, exemplarisch in Baltmansweiler-Hohengehren, Baden-Württemberg

Jedes Jahr im April

Der Traum, aus Scheiße Geld zu machen, ist etwa so alt wie der Traum vom Fliegen. Es gibt da einige Möglichkeiten: die ökologisch-ökonomisch korrekteste ist wohl eine Biogasanlage, aber es gibt auch einen Menschen in Norwegen, der Elchkacke in Kunstharz versiegelt als Souvenir verkauft. Und es gibt Kuhfladenlotto. Der Vorgang ist denkbar einfach: Eine umzäunte Weide wird per Kreidekarren vom Sportplatz in gleichmäßige Quadrate unterteilt. Die Teilnehmer wetten, auf welches Feld die Kuh zuerst einen Fladen platschen lässt. Dann wird eine Kuh auf das Feld gelassen, früher oder später wird sie ihren Job als Glückskuh ausführen.

Die Verwandtschaft zum Roulette ist also höher als die zum Lotto, denn wenn man sechs Durchfälle abwarten müsste (vielleicht noch plus Zusatzzahl und Superschiss), wäre der Tag doch schon sehr fortgeschritten. So wird lediglich die rollende Kugel im Rad durch den fallenden Fladen aus der Kuh ersetzt, aber das Spielfeld ist in beiden Fällen grün. Es lohnt sich übrigens, ein paar Tipps von einem erfahrenen Milchbauern einzuholen, denn die haben das Fäkalverhalten ihrer Tiere lange studieren können.

Den Glücksspielern ist es in einigen Fällen erlaubt, die Kuh in ihrem Sinne zu beeinflussen, ohne sie allerdings direkt anzufassen. So wird es um das Feld herum meist recht laut, was das arme Rind, eigentlich ja Herdentier und nun alleiniges Zentrum aller

Crazy: 2 Dirty: 0 Sporty: 0

Aufmerksamkeit, je nach Charakter zur panischen Spritzkackeattacke verleiten kann.
Deswegen ereignete es sich, dass eine anonyme Rinderfreundin 2005 eine Beschwerde abgab, die beim Landwirtschaftsministerium Baden-Württemberg landete. Nach Konsultation mit dem Umweltministerium und dem Ombudsmann der Staatskanzlei erstellte der Leiter des Tierschutzreferates einen Bericht, in dem es hieß:
»Die Empfindungen einer Kuh, die beim Absetzen von Kot von einer größeren Anzahl von Menschen beobachtet und gegebenenfalls angefeuert wird, entzieht sich nach Kenntnis des Ministeriums derzeit der wissenschaftlichen Nachprüfbarkeit.« (Aktenzeichen 35-9185.68)
Von dieser Seite droht dem zunehmend beliebten Kuhfladenlotto also keine Gefahr, doch die staatlichen Überwachungsorgane für Glücksspiele aller Art sind da schon rabiater. Wenn deren Verordnungen nicht eingehalten werden, kann dem Veranstalter ein finanzielles Desaster bevorstehen.
Wer hat's erfunden? Hier reklamieren die Schweizer das Patent für sich. Dieses Spiel sei von gelangweilten Bauernburschen erfunden worden, die den ganzen Sommer mit ihren Rindviechern auf den Hochalmen rumhängen mussten. Aber selbst im fernen England ist das Spiel bekannt und beliebt.

Das Evangelische Jugendwerk Baltmannsweiler-Hohengehren e. V. war klug, als es sich die Internet-Domäne www.kuhfladenlotto.de sicherte. Es wollte einen spaßigen Event und gleichzeitig Geld für die Organisation sammeln.
In einem Durchgang spielt man um Geld, in einem weiteren um Sachpreise, die sich durchaus sehen lassen können. Die Felder können sich die Spieler auch online reservieren. Aber sicher wird irgendwo in der ländlichen Nähe eines jeden Lesers dieser Zeilen ein Kuhfladenlotto, -bingo oder -roulette organisiert.

Fazit

Ein Scheiß-Spiel!

Internet

www.kuhfladenlotto.de

Teilnahme

Einfach vor Ort auf ein Feld wetten und dann die arme Kuh durch Anstarren oder Provozieren entwürdigen.

Anreise

Baltmansweiler-Hohengehren liegt ca. zehn Kilometer östlich von Esslingen am Neckar. Der nächste Flughafen befindet sich im 40 Kilometer entfernten Stuttgart.

Lockenfest/Mit Skiern in den See

Bruneck, Kronplatz, Dolomiten, Italien
Alle zwei Jahre zum Ende der Skisaison

Wer bei »Lockenfest« an einen Wettstreit der Friseure um die schönste Dauerwelle denkt, ist weit, weit weg von der kalten und nassen Wahrheit. In Tirol bedeutet »Locke« (richtige Schreibweise »Låcke«) entweder große Pfütze oder kleiner See (oder vielleicht »Lache«), und so eine Locke bildet sich alljährlich am Ende der Skisaison und der Skipiste in Bruneck.
1988 machten einige Pistenprofis folgende Rechnung auf: Wenn man mit Skiern auf dem Wasser fahren kann, ist es nur eine Frage der Geschwindigkeit, um auch über den kleinen See brettern zu können und das andere Ufer zu erreichen, ohne unterwegs nass zu werden. Aus dieser einfachen Idee wurde ein enormes Spektakel geboren, eine Art Tiroler Mehrkampf, der Ski Alpin, Wasserski, Eisschwimmen, Kostümkampf und generellen Wahnsinn vereinigt.
Mittlerweile versuchen alle zwei Jahre, Hunderte von Waghalsigen mit den abgedrehtesten Gefährten über den See zu kommen, und natürlich bleiben fast alle auf dem nassen Teil der Strecke. Es wurden bereits gesichtet: Autos ohne Räder, Ehebetten, Badewannen, Raketen, Büroschreibtische, Liegestühle samt Sonnenschirm, Kompositionen aus Autoreifen, Weltraumfähren und jede Menge andere fahr-, rutsch- oder rollbare Untersätze. Prämiert werden die Gefährte nach Unterhaltungswert, nicht nach Funktionalität. Folgende Bedingungen müssen die Gefährte erfüllen, jenseits davon ist alles erlaubt:

- Höchstgewicht 200 Kilogramm, mit 4 Personen transportierbar

- Format maximal 150 Zentimeter mal 250 Zentimeter
- Lenkbar und bremsbar
- Fahrtüchtig auf Schnee

Nachdem die Snowboarder in Massen im Skigebiet eingefallen waren, gab es auch für sie die passende Rache: Im »Big Air Cool Water Jump Contest« dürfen sie noch einmal ihre Angebersprünge zeigen, um dann in die eisigen Schmelzwasser einzutauchen. Umrahmt wird das ganze Spektakel mit Musik und der letzten Après-Ski-Party der Saison, wo das ganze Tal noch mal so richtig die Sau rauslässt.

Fazit

Alpines Ablachen mit Alkohol-Absolution am Abhang. Die Tiroler sind lustig, die Gäste sind froh.

Internet

www.school-kronplatz.it

Anmeldung

Skischule Kronplatz info@school-kronplatz.it

Anreise

Die Ferienregion Kronplatz liegt in Südtirols »weißem Tal«, dem Pustertal, und umfasst 14 Ortschaften. Am besten erreicht man den Veranstaltungsort über den Ort Bruneck. Bruneck besitzt einen Bahnhof. Flughäfen befinden sich in Bozen und Innsbruck.

Kwalleballen/Quallenball (Schlamm-Rugby)

Dommelen/Valkenswaard, Noord-Brabant, Niederlande
Jedes Jahr im April

Die Geschichte einer brutalen Schlammschlacht fängt ausgerechnet mit Blumen an und hört auch da wieder auf: Im Dörfchen Dommelen in Noord-Brabant, das wiederum im Süden der Niederlande liegt, gibt es alljährlich einen Blumenkorso. Die Blumenzucht ist ein wichtiger Geschäftszweig in der holländischen Landwirtschaft und wird entsprechend ernst genommen. So werden große Wagen mit massenhaft Blumen geschmückt durch die Straßen paradiert, und alle sind glücklich, und es riecht gut. Aber um so einen Wagen zu finanzieren, braucht man Geld, und so organisiert eine Blumenkorsoburschenschaft seit 1995 das Spiel »Kwalleballen«, um die nötigen Finanzen zusammenzukriegen.

Kwalleballen ist eine Art Rugby im Schlamm. Auf einem gepflügten Feld wird ordentlich Wasser verspritzt, bis es eine schöne schlammige Konsistenz hat, das wird dann in sechs Spielfelder zu 16 mal 32 Meter eingeteilt. Die Arena trägt den schönen Namen »Kwalcomplex«. Die Tore sind zwei Wasserlöcher, in die ein sandgefüllter Jutesack geworfen werden muss. Der sieht tatsächlich aus wie eine Qualle und gab dem Spiel den Namen. Eine Mannschaft aus je sieben Herren, Damen oder Kindern bis 16 Jahren hat nun neun Minuten Zeit, so oft wie möglich die Qualle im gegnerischen Tümpel zu versenken. Außer Treten, Schlagen, Haareziehen und anderen hässlichen Verhaltensweisen ist dabei alles erlaubt. Ein wenig Rugby-Erfahrung und eine gewisse Freude am Schlammbad können entscheidende Vorteile bringen. Zudem wird ein erhöhter Bierkonsum von erfahrenen Spielern empfohlen, um jegliche Hemmungen vor Dreck und Gewalt zu verdrängen. Praktischerweise kann das Dorf dafür auf eine eigene Brauerei zurückgreifen, die zu den Sponsoren zählt. Zu gewinnen gibt es eigentlich nichts außer Ehre, Glorie und ewigen Ruhm.

Es gibt drei Wettkämpfe, die Herrenliga mit maximal 16 Teams, die aber auch gemischt sein dürfen. Dann die Damenwettkämpfe mit höchstens sechs Frauschaften sowie die Kinder- und Aspirantenspiele für Kinder von vier bis 16 Jahren.

Bisher ist Kwalleballen eine sehr lokale Angelegenheit, und daher behalten sich die Veranstalter vor, Teams aus der Umgebung zu bevorzugen. Aber möglicherweise lassen sie sich vom internationalen Interesse eines Besseren belehren und richten nach finnischem/englischen Vorbild gleich eine Weltmeisterschaft aus.

Drum herum gibt es auch noch ein nettes Festival mit lauter Musik, viel zu essen und noch mehr zu trinken. Jährlich nehmen über tausend Besucher die Gelegenheit wahr, die Schlammgladiatoren anzufeuern.

Fazit

Ein urgemütlicher Sonntag auf dem Land, und später jede Menge von dem Land in den Haaren und den Kleidern zum Mitnehmen. Durch die Krume zur Blume!

Internet

www.kwalleballen.nl

Teilnahme

Anmelden kann man sich im Internet unter »Deelname«, Einschreibegebühren für Teams kosten zehn Euro, für Einzelmeldungen 2,50 Euro und für Kinder nichts. Man muss sich aber nicht als komplettes Team einschreiben, Einzelkämpfer und Kleingruppen können vor Ort zu Teams zusammengefasst werden.

Anreise

Dommelen gehört zu Valkenswaard, das einige Kilometer südlich von Eindhoven liegt. Der Flughafen Eindhoven wird nur von Hamburg aus angeflogen, der Rest muss mit dem Auto kommen (E34 aus dem Ruhrgebiet, E314/E25 aus Aachen über Heerlen oder Maastricht).

Crazy: 2 Dirty: 3 Sporty: 3

Zu wechselnden Zeiten

Bartmeisterschaften

Verschiedene Austragungsorte in ganz Europa

Eine haarige Sache sind die Bartmeisterschaften, die sowohl auf nationaler Ebene wie auch im Rahmen einer Weltmeisterschaft ausgetragen werden. Hier treffen zum Teil sehr entgegengesetzte Kulturen aufeinander, die außer einer Gesichtsmatratze rein gar nichts miteinander gemeinsam haben. Vom österreichischen Royalisten über den britischen Traditionalisten bis hin zum amerikanischen Wald- und Wiesenhippie reicht die Palette der Teilnehmer.
Dabei sind die einzelnen Kategorien so verwirrend, dass nicht einmal der Weihnachtsmann unbedingt die Chance auf einen Preis hätte. Die Enthusiasten haben sich lässige 17 Kategorien von Schnurr- und Vollbärten einfallen lassen. Nicht nur Länge, auch Design und Kostümierung haben Einfluss auf die Wertung. Da gibt es Pflichtkategorien, die berühmte Vorbilder nachahmen, wie etwa Dalì, Garibaldi, Fu Manchu oder Verdi. Historische Bartmoden werden ebenfalls wiederbelebt, wie der barocke Musketierbart oder der klassische viktorianische Schnurrbart. Wirklich abgedreht sind aber die Freestylekategorien in den Bereichen Schnurrbart, Teilbart und Vollbart. Da ließ sich ein Teilnehmer aus seinem Gesichtshaar zu Ehren des Gastgebers England die Tower Bridge modellieren, eine sechsstrahlige Gesichtsbrezel wurde präsentiert, und es scheint, als gäbe es keine Grenzen für die Möglichkeiten, die Kamm und Wachs so bieten.
Die Bewertung nimmt, je nach Kategorie, auch Pflegeaufwand, Kostüm und Gesamteindruck als Kriterium auf, und da kann schon mal manche bauchnabellange Vollmatratze gegen ein wohlgekämmtes Gandalf-Modell auf der Strecke bleiben.

Und natürlich darf ein kleiner Verbotskatalog nicht fehlen: »Unnatürliche« Haartönung, falsches Gesichtshaar, Haarverlängerungen und jede Art von Haarnadeln sind verboten. Wachs, Haarspray und andere Haarpflegemittel hingegen sind erlaubt, außer wiederum in den »Natur«-Kategorien, wo selbst Kamm und Schere schon schräg angeschaut werden.

Auf deutscher und europäischer Ebene gibt es Internationale Deutsche Meisterschaften, Europameisterschaften, Bart-World-Cup, Bartolympiade oder Regionale Meisterschaften, auf denen man(n) sich mit den Besten messen kann.

Die deutsche Übermacht in der globalen Bartszene kann man daran ablesen, dass bei der Weltmeisterschaft 2007 vier Kategorien komplett von Platz eins bis Platz drei von den deutschen Bartenthusiasten gewonnen wurden und nur die Kategorie »Natürlicher Vollbart« ohne deutsche Vertreter auf dem Siegertreppchen auskam.

Fazit

Auf dem schmalen Grat zwischen Eitelkeit und Narzissmus marschieren die organisierten Bartträger von Turnier zu Turnier. In unserer glattrasierten Mainstream-Kultur wirkt das immer mehr wie eine Freakshow.

Internet

www.verband-deutscher-bartclubs.de

Gummistiefelweitwurf

Verschiedene Orte und Zeiten in Europa während der Worldcup-Serie

Warum der sonst so fest bodenhaftende Gummistiefel plötzlich das ungewohnte Territorium des freien Himmels betrat, ist Stoff von Legenden und Geschichten. Eine davon besagt, dass die finnischen Seeleute diesen Sport erfanden, als ihre Schiffe in den langen Wintern in den Häfen festgefroren waren und sie sich sehr langweilten. So fingen sie an, die Gummistiefel, die in bester Qualität von der Firma Nokia (ja, wirklich!) hergestellt wurden, von Schiff zu Schiff zu werfen. Das war Ende des 19. Jahrhunderts, aber erst Mitte der 70er Jahre des 20. Jahrhunderts wurde der Gummistiefelweitwurf in Finnland zur organisierten Sportart. Die Popularität dieser ziemlich eigenartigen Beschäftigung wuchs speziell in Finnlands Nachbarländern Schweden, Norwegen, Russland und Estland, so dass die stil- und tonangebenden Finnen seit 1992 eine Weltmeisterschaft ausrichten konnten sowie einen Weltverband der Gummistiefelweitwerfer ins Leben riefen.

Mittlerweile haben sich in Deutschland einige Gummistiefelweitwurfvereine zu einem deutschen Dachverband zusammengeschlossen, der neben regelmäßigen Worldcup-Turnieren auch eine Deutsche Meisterschaft ausrichtet und zudem 2007 Gastgeber der Weltmeisterschaft war.

Ein Gummistiefel ist an und für sich erst mal kein besonders flugtaugliches Objekt. Schon als Schuh lässt er jede Eleganz vermissen, sein Hauptzweck ist die Wasserdichtheit, welche Seeleute, Angler, Fischer, Wattspaziergänger und Pfützenspringer zu würdigen wissen. Mit einer ganz speziellen Wurftechnik, die den Stiefel in einem genau richtigen Winkel rotieren lässt, bekommt der fliegende Gummischuh aber überraschend aerodynamische Eigenschaften, und es können erstaunliche Weiten geworfen werden. In der noch jungen Gummistiefelweitwurfnation Italien wurde gar ein Gummistiefel konzipiert, der speziell auf diese Flugeigenschaften hin optimiert wurde. Der Siili genannte Profiflieger unter den Gummistiefeln (phonetisch dem englischen »silly = albern« recht nah …) machte es möglich, dass bisherige Weltrekorde bei Damen und Herren übertroffen wurden (Herren: 66,26 Meter, Damen: 47,58 Meter, Stand Sommer 2008). Damit hat sich der Allerwelts-man-kann-ihn-auch-anziehen-Gummistiefel wohl aus dem Sport verabschiedet und einer neuen Generation professioneller Flugstiefel den Luftraum überlassen.

Geworfen wird auf einer Wurfbahn, die aus dem Hammer- und Diskuswurf entlehnt ist, auch die Wurftechnik mit Anlauf und Drehung ist diesen Sportarten ähnlich. Herren werfen die Größe 43, Damen 38. Auch Gewicht und Schaftlänge sind für den Turnierstiefel festgelegt. (Das gesamte internationale Regelwerk ist sechs Seiten lang und kann bei der International Boot Throwing Association heruntergeladen werden.) Neben den Einzelwettkämpfen werden auch Mannschaftswertungen geworfen, für Veteranen und Senioren gibt es Wettbewerbe nach Altersklassen geordnet, ebenso für Kinder. Der Deutsche Gummistiefelweitwurfverband hilft übrigens gerne bei der korrekten Ausrichtung so eines Wettbewerbs.

Fazit

Wenn das um sich greift, ist es nur eine Frage der Zeit, bis weiteres Kult- und Arbeitsschuhwerk wie Chucks, Doc Martens, Cowboystiefel oder Killer-Stilettos den Himmel bevölkert.

Internet

International Boot Throwing Association: www.saappaanheitto.com

Deutscher Gummistiefelweitwurf-Verband: www.gummistiefelweitwurf.de

Schnupftabakweltmeisterschaften

Alle zwei Jahre, an wechselnden Orten

Hier ist eine Sportart für alle, die die Nase nicht voll genug bekommen können. Eigentlich ist das Wettkampfschnupfen zur Reihe alpenländischer Wirtshaussportarten zu zählen, hat sich aber in eine ganz eigene Szene weiterentwickelt. Die Regeln sind einerseits schnell erklärt, können aber unter der Organisation diverser Schnupfclubdachverbände auch mal vier eng bedruckte Seiten füllen.

Der Kampfschnupfer soll so viel wie möglich Schnupftabak in einer Minute in seine Nase stopfen, dabei so wenig wie möglich herunterfallen lassen und dann NICHT NIESEN! Dafür bekommen die Nasenathleten eine auf das tausendstel Gramm abgewogene Menge von fünf Gramm Schnupftabak der Sorte »Schmalzler«. Das entspricht ungefähr einem gehäuften Esslöffel. Dabei tragen sie ein Lätzchen, um sich nicht selbst zu beschmutzen, und auf dem Tisch vor den Kämpfern liegt ein Blatt Papier, das heruntergefallene Krümel auffängt. Sind die sechzig Sekunden vorbei, werden das Krümelgut und die Reste in der Dose wiederum gewogen, um zu ermitteln, wie viel genau (und zwar ganz genau!) der nun schwer verstopfte Leistungsschnupfer in sich hinein hat schaufeln können. Zusätzlich Punkte oder Abzüge gibt es auch für die Sauberkeit beim Hochleistungsnasenbefüllen.

Nur zur Verdeutlichung, wo die Messlatte liegt: Bei der Weltmeisterschaft 2006 im schweizerischen Weisslingen konnte der Weltmeister 4,992 Gramm in seinen Nasenlöchern und umliegenden Höhlensystemen unterbringen, die Weltmeisterin immer noch 4,970 Gramm. Das Teilnehmerfeld war mit dreihundert aktiven

Wettbewerbern aus Deutschland, der Schweiz, Österreich, Italien und den USA recht dicht, vor allem nach den Wettkämpfen. Denn auch im Schnupftabak ist nicht wenig Nikotin, das durch die Nasenschleimhäute in den Körper gelangt, und da Niesen ja verboten ist, verbleibt der Tabak auch ungewöhnlich lange in des Kämpfers Kolben. Da kann das Nervengift Nikotin so richtig Gas geben im System.

Wie schon eingangs erwähnt, ist die Schnupferszene streng organisiert, die Teilnahme ist nur möglich, wenn man einem Schnupferclub angehört, der sich den Richtlinien des Internationalen Schnupferverbandes unterwirft. Dafür finden Mannschaftswertungen statt, in denen die Ergebnisse der vier bestgestopften Vereinsmitglieder addiert werden. In den Clubs wird regelmäßig trainiert, außerdem finden alle möglichen Meisterschaften auf regionaler bis nationaler Ebene statt, um sich für die WM vorzubereiten. Dabei ist eine neuere Disziplin entstanden, das Zielschnupfen: Der Kämpfer erhält zu seiner Fünf-Gramm-Dose eine Anweisung, wie viel er davon zu nehmen hat. Nun muss er schätzen, wie nahe er sich an die Zielvorgabe heranarbeiten kann.

Abschließend muss noch festgestellt werden, dass trotz der Vorgabe, möglichst sauber seinen Tabak zu konsumieren, nach getaner Arbeit das gesamte Wettkämpferfeld aussieht wie eine Versammlung von Adolf-Hitler-Imitatoren.

Fazit

Wer über diese Veranstaltung die Nase rümpft, hat schon verloren. In Zeiten des Rauchverbots wird von diesen Helden der Selbstverstümmelung eine rauschhafte Renaissance des Schnupfens ausgehen.

Internet

Den besten Online-Auftritt haben die Schweizer Schnupfer vom Schnupf-Verband Schweiz: www.schnupf-verband.ch.
Einen deutschen Gesamtverbandauftritt gibt es nicht, daher stellvertretend die Seite des Schnupfclub Sulzemoos, wo alle Regeln, Termine und Links zu anderen Clubs zu finden sind: www.vg-odelzhausen.de/schnupfclub

Internationale Altonaer Weltmeisterschaft im Speedgrillen

Elbstrand, Hamburg-Ottensen, Deutschland

Jedes Jahr im Sommer zu unterschiedlichen Terminen

Der allgemeine deutsche Grillnachmittag geht normalerweise gemächlich vonstatten. Bis die Kohle glüht, das Grillgut sich langsam bräunt und seinen Fettgehalt zischend verringert, bis dahin sind die Akteure meist beim zweiten und dritten Bier angelangt, und das ein oder andere Stündchen wurde unter Rauchschwaden vertan.

Das geht auch schneller, sagten sich die Organisatoren der Internationalen Altonaer Weltmeisterschaften im Speedgrillen und ließen den gesamten drögen Nachmittag von ehrgeizigen Teams auf etwa zehn Minuten zusammenfassen. Damit auch keine Langeweile aufkommt, sind die Weltmeisterschaften durchaus zweimal im Jahr möglich, es kann eben sehr schnell gehen bei den Speedgrillern.

Die Aufgabe: Ein Team von je zwei Bratwurstbrutzlern muss 150 Meter den Elbstrand entlangrennen, einen Billiggrill nebst Kohle und Anzündern dabei aufnehmen, selbigen aufbauen, anheizen, eine Wurst darauf möglichst schön goldbraun grillen und währenddessen in vorgegebener Reihenfolge ein Sechserpack Bier leeren.

Die Wurst wird einer Jury zur Bewertung vorgelegt, die anhand vorgefertigter Normwürste Zeitabschläge verteilt. Zu hell oder verbrannt geht gar nicht, das kann bis zu vier Minuten kosten und die Mühe zunichte machen. Ebenfalls mit Zeitstrafen bis zu zwei Minuten werden schlecht zusammengeschraubte Grills belegt.

Der Sieger wird mit dem Bratwurstpokal ausgezeichnet, einer in Plexiglas für die Nachwelt versiegelten Normwurst.

Dass die Organisatoren namens- und gesichtsgleich mit dem Weltmeisterteam von 2007, den »Gruesome Grillers«, sind, mag man unter wettkampftechnischen Gesichtspunkten fragwürdig finden oder auch nicht. Immerhin wurden sie vorher von den Teams »Wurst Express« und den »Ausgephlippten Hühnerwürsten« gnadenlos niedergegrillt. Wie man sieht, ist die Namensfindung der Teams ein eigener Wettbewerb, der leider nicht in die Gesamtwertung eingeht. Aber Namen wie »Grill Bill«, »Sportfreunde Griller«, »Wurst Case«, »Natural Born Grillers« sowie den esoterischen »Auserwählten der Wurstprophezeiung« zeugen von ernst zu nehmender Kreativität im Teilnehmerfeld.

Auch dem olympischen Aspekt des allgemeinen Weltfriedens wird gehuldigt. So sagt die Präambel der Grillstatuten: »Speedgrillen ist ein Gentleman-Sport. Gegrillt wird für Ruhm, Ehre und den Speedgrill-Wanderpokal.« Im Paragraph 9 der Speedgrill-Gesetze wird außerdem festgelegt: »Das

Crazy: 3 Dirty: 1 Sporty: 1

Behindern, Verprügeln oder Töten der Gegner sollte vermieden werden.« Nicht nur Holzkohlerauchschwaden, sondern auch der Geist Mahatma Gandhis umweht diese Veranstaltung.
Den Internationalen Altonaer Weltmeisterschaften im Speedgrillen (IAWMSG) drohte aber im Jahr 2008 beinahe das Aus, als Hamburgs Regierung ein Grillverbot am Elbstrand durchsetzen wollte. Eine persönliche Vorsprache der Organisatoren bei Bürgermeister Ole von Beust konnte das frühe Ende dieser jungen und zukunftsträchtigen Sportart jedoch noch einmal verhindern.

Fazit

Wer sich gleichzeitig der perfekten Wurst, dem hochbeschleunigten Zeitgeist und ausgeklügelter Teamarbeit verpflichtet fühlt, muss hier einfach dabei sein. Immer »Gut Glut« und nie ein kühler Grill!

PS: Die Autoren sind stolz, nicht einmal die Redewendung »Es geht um die Wurst« verwendet zu haben …

Teilnahme

Anmelden kann man sein Team per E-Mail an wurst@speedgrillen.de, mit Nennung des Namens, der Teammitglieder, des Teamnamens und einer Handynummer. Wer keine Freunde hat, kann vor Ort mit ähnlich einsamen Seelen zu einem Team verbunden werden. Die Wettkampfutensilien werden gestellt. Der genaue Termin wird etwa sechs Wochen vorher bekanntgegeben.

Internet

www.speedgrillen.de

Hier findet man auch die Speedgrill-Gesetze und den genauen Ablaufplan. Für Trainingsmaßnahmen sehr empfehlenswert.

Anreise

Hamburg liegt an der Elbe in Norddeutschland und hat Flughafen, Bahnhöfe und Autobahnanschluss sowie einen ziemlich großen Hafen. Die Wettkampf-Arena befindet sich in Hamburg-Ottensen am Elbstrand in der Nähe des Findlings »Alter Schwede«.

Ralf dankt

Sigi, Mona und Sira für Geborgenheit, Geduld und gute Tipps,
Salome Ayuso Durben für unermüdliche Übersetzungen aus dem Spanischen und tatkräftige Unterstützung vor Ort,
Russel und Nick Poyner für englischen Humor und manche Erklärung des selbigen,
Jason Wright für verrückte Musik und brillante Veranstaltungstipps, oder umgekehrt,
Lutz Näkel, Sibille Burkhardt und Verena Schimmel für ein fantastisches Video und viel, viel Spaß beim Würmerbeschmeicheln,
Meyland Bruhn für eine rettende Wasserflasche während der Wattolümpiade 2008,
Madeleine Schröder für Tipps, Tricks und allerlei Kniffe,
Wolfgang Lüchtrath und dem Koblenzer Reimstein für Anregung und Unterstützung,
den vielen Fotografen, die uns ihre Bilder zur Verfügung gestellt haben und die namentlich auf Seite 223 aufgeführt sind,
und nicht zuletzt unserem Lektor Marko Jacob, den nicht einmal sein Vaterschaftsurlaub hinderte, sich mit vielen Ermutigungen, Lob und guter Laune unserem Projekt anzunehmen.

Wolfram dankt

Deborah und Matelda für In-Ruhe-schreiben-Lassen und Kastaniengegeneinanderhauen-Üben,
Karl Unterholzner in München und London und San Francisco und sonstwo auf dem Planeten für regelmäßige Kontrolle und virtuelle Veranstaltungen wie Wolfgolf und Krabbenboxen,
Mutter, Vater, Schwestern, Neffen, Nichten, Kollegen, Freunden und Ärzten, die mich nicht für völlig wahnsinnig erklärt haben.

Register

Deutschland

Österreich

Schweiz

Großbritannien

Spanien

Finnland

Italien

Frankreich

Niederlande

Belgien

Griechenland

Dänemark

Russland

Tschechien

Wechselnde Orte

Bildnachweis

S. 10, 17, 125, 126, 131, 133: Ralf Prestenbach; S. 15: Volker Posselt; S. 19: Louise Ascough; S. 20: Chris Doidge; S. 29, 30: TES Dimitrios Vrontados; S. 34, 36: Betty Stocker; S. 39: Scott Kuperus; S. 40, 42: Martin Cox; S. 43, 44: Daniel Hardwick; S. 47: Santidd; S. 50; Cath Green; S. 53, 57: Peter King; S. 62, 64: World Egg Throwing Federation; S. 69, 70: Sonkajarven Eukonkanto Oy; S. 73: Tony Smith; S. 75: Chris Pritchard; S. 76: Rhys Allen; S. 79: Silvia Vives Buigues; S. 81: Dave Douglas; S. 86, 88: Jouni Ketola; S. 90: Sira Guenther; S. 93: Jack Haijes; S. 97: Carlos G. Fernandéz; S. 101: Sauna World Championships Heinola Finland; S. 104: Maison du Tourisme de Dinant; S. 109: Eselpark Nessendorf; S. 112 (links): Simon Leech; S. 112 (rechts): Rotary Club of Tywyn; S. 114: Gemeente Koksijde; S. 116: Paul McGee; S. 123: Sergei Stepanov; S. 137: Lou Salome Ayuso Durben; S. 139: Egremont Crab Fair; S. 142, 145: Christoph König; S. 147: Artif Orange GmbH; S. 153: Fabian Rook; S. 159, 161: Steve Freight; S. 166 (links): Colin Turner; S. 166 (rechts): Richard Addison; S. 169, 170: Lou Salome Ayuso Durben; S. 173: Alessandro Piscioneri; S. 176: Luc Hermans; S. 179: David Kienzler; S. 182: Fergus McIver; S. 185: Tampere City Tourist Office; S. 190: Phil Mercer; S. 195: Kev; S. 198: Alexander Strobel; S. 201: Walter Wiedenhofer; S. 204: Brian Burns; S. 207: jb-photodesign.de; S. 208: Dominick Reed; S. 212: Nicolaij Arz; S. 214, 217: www.speedgrillen.de